JN154789

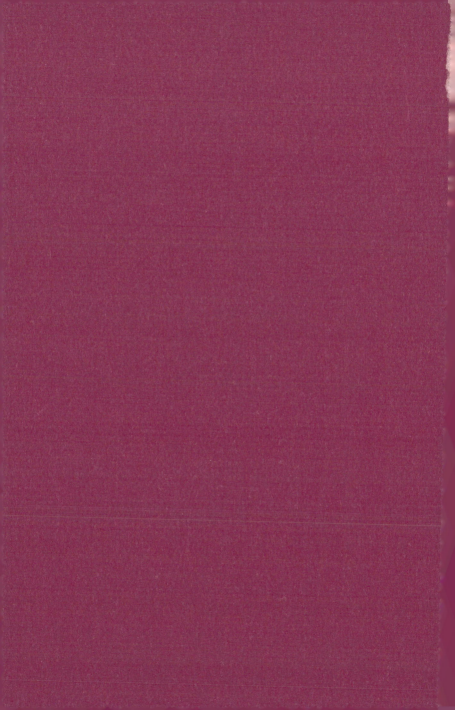

VIVRE AVEC UN INCONNU: Miettes philosophiques sur les chats

Florence Burgat

猫たち

フロランス・ビュルガ 著
西山雄二／松葉 類 訳

法政大学出版局

Florence BURGAT:
"VIVRE AVEC UN INCONNU, Miettes philosophiques sur les chats"
© 2016, Editions Payot & Rivages

This book is published in Japan by arrangement with Editions Payot & Rivages,
through le Bereau des Copyrights Français, Tokyo.

猫たち　目次

凡例

一　本書は Florence Burgat, *Vivre avec un inconnu. Miettes philosophiques sur les chats*, Paris, Payot et Rivages, 2016 の全訳である。

二　『 』は原書の書名イタリック。

三　傍点は原書の強調イタリック。

四　「 」は原書の引用符。

五　（ ）［ ］は原書に準じる。

六　〔 〕は訳者による補足。

七　原註および訳註は行間に通し番号（1、2、3……）を付して側註とし、訳註は冒頭に〔訳註〕と記した。

猫たち

共同生活

私たちがまったく何も知らないし、何も知ることができないでいるのは、なんと驚くべきことだろう――そしておそらくは、なんと恐ろしいことだろう。あの目という奇妙な窓をとおして、その奥に隠れた小さな脳でひそかに何を考えているかに至るまで、知るべきことがあるのだ。〔…〕だが、けっして、けっして私たちが解読できるようになるなんてことはない。私たちの手のなかで、よしよしと撫でられ、つかまれ、まるでこねくり回されながら、甘えんぼうの小さな頭のなかで何を考えているかなんて。

――ピエール・ロティ『暗い路上の照り返し』

私たちはいつも猫とうまく暮らしていて、猫については何でも知っているる気でいる――猫は、家の隅々にあますところなく住み着いている動物ではないだろうか。猫は私たちの羅針盤ではないだろうか。猫を目安にして私たちは部屋から部屋へと移動し、猫の方はそれぞれの部屋で気ままに自分の居場所を選ぶ。猫は私たちのやることなすことすべてに、そのひそやかな存在感を添えているのではないだろうか。猫は私たちと一緒に寝ることさえあるではないか。猫は私たちを控え目に、しかし、つねに見張っているのではないだろうか。猫は、目立たない合図を送って、独特な愛情の一面を私たちに示しているのではないか――それでもなお、この猫というものが何であるのか、私たちにはわからない。猫ならではの習性、癖、恐怖、嗜好、忍耐強さを私たちは暗記できるほど知っているし、また正確に描写することもできるだろうが、それは外面的なものにすぎない。猫をその内面から知ることはどうしてもできないのか、と言い返されるだろう。ライナー・マリア・リルケ(1)は、バルテュスによる猫ミツの版画のデッサンを前にして、「誰が猫のことを理解しているのだろうか」と自問している。猫のことを理解できると称する者は誰もいない。そんなことを言うのは、まったくの自惚れ屋、ほら吹き、傲慢な人間である！　リルケはこう続けている、「正直に言うと、私にとって、彼らの存在はかなり大胆な仮説以外の何ものでもなかったのです。[…]彼らは私たちを見ているとあなたはおっしゃいますか。けれども、本当に彼らが私たちの取るに足らない像をその網膜の奥に一瞬、映し出してくれているのかどうか、私たちが知っていたことがあるでしょうか(2)」。

いかなる点で猫が二重に謎めいているのかを理解するためには、おそらく、犬を経由しなければならない。とはいえ、比較には注意しよう！次に見る比較によれば、いくつかの点で猫より犬の方が立派だとはいえない。私たちはどうやら、〔犬か猫かで〕対立する圧力団体を相手にしているようだ。猫の知性は「少なくとも犬の知性と変わりがなく、その知

（1）〔訳註〕ライナー・マリア・リルケ（1875–1926）はオーストリアの詩人。著作に『マルテの手記』『ドゥイノの悲歌』『オルフォイスへのソネット』など。バルテュスが少年時代に描いた四〇枚のインク画デッサンに、フランス語の散文詩をつけて一九二一年にチューリヒで出版した。なお、画家バルテュスは猫の現れる油絵でよく知られている。

（2）Rainer Maria Rilke et Balthus, *Mitsou, histoire d'un chat*, Paris, Rivages, coll. « Petite Bibliothèque », 2008, p. 59–60.〔バルテュス、ライナー・マリア・リルケ『ミツ――バルテュスによる四十枚の絵』阿部良雄訳、河出書房新社、二〇一一年、五―六頁〕

性によって、猫はけっしてばかげた権威をもつこともなければ、こびた服従をすることもない」と〔ピエール・〕ロティ[3]は書いている。猫という「優雅で貴族的な獣」はこの点で、どんなに高貴な生まれの犬をも圧倒している。なぜなら、犬は「成り上がり者の下品さをもち続け、どうしようもなく低俗なまま」だからである。この総括は辛辣である。[4]

人間の環境にすっかり迎え入れられるとき、犬は人間化する。その証拠に、犬とそれぞれの主人とのパートナーシップが挙げられる。このつきあいにおいては、幸せなことに、両者はほとんどどこへでも一緒に出かけることができるし、犬は主人の足取りに従って道を辿り、並んで歩くことができる。犬は自己を放棄し、いわば犬としては消えてしまう。人間化した各々の犬たちのなかにはいやしがたい奥深い悲しみがあることになる。このことは幾度も言及されてきた。犬はすべてを他者に期待しており、さらに言えば、自分自身が他者のものなのだ。それでも犬であり続けるがゆえに、彼は道の端にいなければならないし、少しのあいだ放っておかれるのだ。「犬が主人を観察して時間を過ごすのは、自分がこれからどうすればいいのかを知るためである。咳払いをする、腕時計を見る、テレビを消す――これらすべてが合図である。無害な動作などない。毎分ごとに、一定の不安が犬を襲うのである」とロジェ・グル

(3)〔訳註〕ピエール・ロティ(1850–1923)はフランスの海軍士官として世界各地を回り、異国情緒豊かな恋愛小説や紀行文を書いた。日本にも二度滞在し、明治時代の日本社会を辛辣に観察して、『お菊さん』『日本の秋』などを発表した。

(4) Pierre Loti, *Reflets sur la sombre route*, Paris, Calmann-Lévy, *Œuvres Complètes* en 11 vol., sans date, p. 49–50.

ニエ[5]は指摘している。[6]

人間への愛ゆえに、そしてみずからが住み着き、マーキングをする世界への愛ゆえに、犬はすべてを投げ出す——これは恐ろしく危険で狂った賭けである。どんな恋人たちも、相手に見捨てられた場合に自分を取り戻せるように、また元の自分に戻れるように、自覚がなくとも、自分の存在の片隅に、駆け引きできるわずかな余地を残しておく術を心得ていなければならないが、犬はそうした余地までも放棄しているのである。しかし、そうすることで犬は人間と釣り合う存在になり、人間のパートナーとなるというそのもっとも尊い望みを実現しているようにみえる。〔故郷を〕長く離れているあいだに多くの不幸が次々と生じたせいでオデュッセウスは見違えてしまうが、その顔の下に疲れ切った主人をすぐさま見つけ出すのはまさに犬ではないか。[7]犬の眼差しは感情と精神状態をはっきりと示しており、私たちはそれらを理解し共有しようとする。その眼差しは滑らかで、生き生きとして、躍動していて、透き通っている。

（5）〔訳註〕ロジェ・グルニエ（1919–2017）はフランスの小説家、ジャーナリスト、放送作家。戦後、「コンバ」紙の記者となり、「フランス・ソワール」紙編集部を経て、ガリマール出版社編集委員を務めた。著作に『シネロマン』『黒いピエロ』『ユリシーズの涙』など。

（6）Roger Grenier, *Les Larmes d'Ulysse*, Paris, Gallimard, 1998, p. 46.〔ロジェ・グルニエ『ユリシーズの涙』宮下志朗訳、みすず書房、二〇〇〇年、四二頁〕

（7）〔訳註〕オデュッセウスはホメーロスの叙事詩『オデュッセイア』に登場する英雄。オデュッセウスはトロイア戦争に参加して勝利した後、帰国の途上で数々の苦難と冒険を経験する。二〇年ぶりに故郷のイタカに帰ったとき、乞食に扮していた彼を最初に識別したのは忠犬アルゴスだった。

私たちは自分が誰を相手にしているかを知っている。他性へと通じる扉がいかに狭いかを示す一方で、私たちは犬のなかに人間を認めるがゆえに、犬のことを知っているとやがて言い切れるほどになるのだろうか。

知っていること〔connaître〕は、認めること〔reconnaître〕、同じものを見つけること、したがって、必然的に単純化することにすぎないのだろうか。長きにわたって、伝統的にとても根強くくり返されてきたことだが、動物たちは私たちが現実におこなっていることを見かけ上でしかおこなっていないとされる。動物たちをあらゆる複雑さから遠ざけようとする意図によって、このように考える精神状態が強められているのだ。いかなる動物も単純な存在であり、その環境的要素への反応によって動かされている、というわけである。意味深い行為を見せかけへとこのように単純化することを支持する人々は、それらの行為が何らかの世界を構築していることに気づいていない。つまり、〔錯綜した文脈を正常に戻す〕機械仕掛けの神《デウス・エクス・マキナ》が(8)行為をたえず活気づかせ、再開させるために恒常的に介入しているのでもないかぎり、本来は目的をもつはずの行為が〔彼らにとっては〕理解不能になってしまうのだ。そうだとすれば、多様な種に属する大多数の個体は存在することなく現れ、現実には何もしないで何かをなしているかのようであり、別の場所に刻み込まれた現実の影にすぎないということになろう。〔プラトンの用いる〕洞窟の比喩(9)によれば、私

(8)〔訳註〕機械仕掛けの神《デウス・エクス・マキナ》とは、古代ギリシア演劇の終幕において、錯綜した文脈を超越的な力で正常に戻すために神が現れる演出法のこと。ここでは、本来複雑なはずの動物たちの行為をたんなる反応へと単純化する粗雑な解釈を批判的に表現している。

たちは事象の影を事象そのものとみなしてしまい、とはいえ、事象そのものの方もどうしても影だとみなしてしまう。動物たちの行為は、ただちに無へと沈んでゆく、純然たるまやかしだということになってしまう。

アラン[10]は「薄明の思考」は思考ではないと信じる者のひとりだ。「犬や猫、牛、ウサギが何を考えているかを知りたいとは思わない」。なぜなら、おぼろげな輪郭をもち、ぼんやりと描かれた、あいまいな同一性をともなった流動的な思考、移ろいゆく思考、言うなれば、「私たちが自分でほとんど注意を払わない［…］薄明かりの」の思考、精神がもっとしっかりとうち立てられた活動に随伴して、記憶されてはいるが、すでにほとんど消失しかかっている思考こそが、「まやかしによって[11]」犬や猫、牛、ウサギを支配している思考だからだ。したがって、まどろみに沈み込んでしまいそうなとき、人間はこの甘美な精神的混乱を経験しているが、それこそがそうした動物たちの恒常不変の状態をなしている、というわけである。

(9)〔訳註〕「洞窟の比喩」とは、プラトンが『国家』で用いた真理認識の寓話。現実の事象は事象そのもの(イデア)ではなく、背後の火の光によって洞窟の壁に映った影にすぎない。私たちは洞窟を出てイデアを直視しようとするが、やはり影の方が真実だと思い込んでしまう。

(10)〔訳註〕アラン(1868–1951)はフランスの哲学者、評論家。本名はエミール＝オーギュスト・シャルティエ。ルーアンの高等中学校、パリのアンリ四世校で教鞭をふるい、数々の思想家たちに影響を与えた。著作に『諸芸術の体系』『人間論』『幸福論』など。

(11) Alain, « Pensées crépusculaires », 20 novembre 1928, in *Esquisses de l'homme*, 7e éd., Paris, Gallimard, 1938, p. 81.〔アラン「薄明の想念」、『アラン著作集4 人間論』原亨吉訳、白水社、一九九七年、一〇〇頁〕

猫のミチョ〔筆者の飼い猫〕をじっと眺めていると、夢のように無秩序に錯綜し重なり合ったさまざまな思考でいっぱいの球が、ミチョの頭上の空中で沸々としているような感覚を抱くことがしばしばある。内なる精神と外なる精神によって、このもやもやしたあり方――そこにいながら、別のところにいて、目を遠くにやりながら、身体はじっとしているあり方は説明されるだろう。「猫は何を識別しているのだろう／猫自身のなかで／地平が沈み込んでいくとき」[12]。猫の内なる生の遍在と厚みについて、手掛かりを与えてくれるのはその鋭い眼差しである。アランは他の話題を扱っているときの余計なおしゃべりと同一視することで、この眼差しのことを見落としていたのだ。陰影を与える「光源」がなければ、そうした流動的な思考はまったく思考たりえない、と彼は断じる。「夢しか見ない者は夢を見ないし、半分しか思考しない者は何も考えない。本当に残念なことだが、あなたの猫と話すなんてことはしないでいただきたい[13]」。

あるときは完璧に読み取ることができるけれど、またあるときには見定めることができない猫の奇妙な眼差し、「薄い色の瞳の輝き、明るい手提げランプ、生けるオパール[14]」は、私たちの侵入をたいていは拒んで

（12）André Verdet, « Le dit du chat », Nice, Éditions de la Caroune, 1992, p. 9.〔アンドレ・ヴェルデ（1913–2004）は南仏で活動した詩人、彫刻家、画家。コクトーやピカソ、シャガールらと親交が深かった。第二次世界大戦中にはレジスタンスとして行動したが、ゲシュタポに逮捕されてブーヘンヴァルト強制収容所に収監されたことがある。〕

（13）Alain, « Pensées crépusculaires », *op. cit.*, p. 83.〔アラン「薄明の想念」、一〇二頁〕

いる。愛猫が急に動かなくなり、頭を少し前に出して、ほとんど冷淡な目でじっと見つめてくるのに驚いたことのない人などいるのだろうか。猫は私たちに勝負を断念させるか、あるいは突然、別のものに目を移してみずから勝負を放棄するだろう。猫は戸口を閉ざしてしまったのだ。猫が私たちに対して開くのは秘密の戸口――私たちの指をそっと捕まえる鋭い爪の前脚である。「忍耐強く、落ち着きはらい、お互いに許し合った、重い目くばせ(15)」を私たちは猫とときおり交わす。平和の幕のように猫に舞い降りた愛撫と言葉のしばらくあとに続いて、鈍く静かな、重々しいエンジン音が響き渡る。猫の頭に手が乗せられると、目を閉じて、口元を緩めて、こまやかな薄い毛並みに覆われた愛らしい喉を差し出して、喜んでひっくり返る。野生の猫は庭でそこらじゅうの壁を引っかいてしまうし、たやすく姿を見たり捕まえたりさせてはくれないが、

（14） Charles Baudelaire, « Le chat », *Les Fleurs du mal*, Paris, Poulet-Malassis et De Broise, 1857, p. 111.〔シャルル・ボードレール「猫」、『ボードレール全集1　悪の華』阿部良雄訳、筑摩書房、一九八七年、一〇〇頁。シャルル・ボードレール（1821–67）はフランスの象徴主義派の詩人、評論家。詩集『悪の華』『パリの憂鬱』や数々の美術評論を発表した。猫に関する詩をいくつか執筆しており、なかでも「猫たち」は、言語学者ヤコブソンと人類学者レヴィ＝ストロースが詩言語と神話の構造分析をおこなったことで知られている。〕

（15） Claude Lévi-Strauss, *Tristes tropiques*, Paris, Pocket, 2001, p. 497.〔クロード・レヴィ＝ストロース『悲しき熱帯（下）』川田順造訳、中央公論新社、二〇〇〇年、三五九頁。レヴィ＝ストロース（1908–2009）はフランスの社会人類学者。構造言語学的手法を駆使して、未開社会にも文明社会と同じく一定の秩序を認め、構造主義を提唱したことで知られる。著作に『親族の基本構造』『野生の思考』『神話論理』など。〕

にもかかわらずコレット[16]が現れるのを待っている。「あのころ、やわらかい両前脚と鼻が、私のくるぶしや素足の指をつかまえて、キスしてくれたものだった。それなのに、私たちはずっとつながっているのだとこの臆病な心にわからせるために、その名前を入れた即興の歌を、不確かであやふやなメロディで歌ってやるのだった[17]」。

フロイトは夢に屈服した。夢の解読により深く入っていくことができるようになればなるほど、未知なるものに彼を結び付ける抵抗点が生じてしまうのだ。それは夢のへそ[18]である。これと同じことが猫についても言えるのである。

（16）〔訳註〕コレット（1873–1954）はフランスの女性作家。恋愛劇を中心に人間の繊細な心理を描くとともに、動物・自然の描写にも優れていた。著作に『シェリ』『青い麦』『牝猫』など。

（17）Colette, *Journal à rebours*, Paris, Fayard, 2004, p. 153–154.

（18）〔訳註〕夢のへそとは、フロイトが『夢判断』で論じた「どんな夢」にもある「すくなくとも一か所、どうしても分からない部分」のこと。この一点で夢は胎児のごとく「未知なるもの」と繋がっているという（フロイト「夢判断」高橋義孝訳、『フロイト著作集　第二巻』、人文書院、一九八五年、九六頁）。

儀式的なもの

ある夜、〔ハイイロガンの〕マルティナをいつもの決まった時間に〔家のなかに〕入れてやるのを忘れたことがあった。〔…〕私が急いで戸口を開いたとき〔…〕マルティナはいつもの経路を通らずに、最短ルートを通った〔…〕。それなのに、〔階段の〕五段目まで来ると実に驚くべきことをした。突然立ち止まり、首を伸ばしたのだ。それは野生のガンが非常に恐れているときのしるしである〔…〕。マルティナは一瞬ためらうも回れ右をし、階段をもう一度五段降り、とても重要な任務を完遂しなければならない者のごとく、焦った足取りで窓のところをいつもと同じように回ってから、今度はいつものやり方でもう一度階段を登ったのだ。

――コンラート・ローレンツ『攻撃』(19)

外出を求めるとき、パリ式の庭の端に至る仕事場の戸口を通る場合でも、小さな公園を散歩するための入口を通る場合でも、ミチョは出かける前に何度かくるくる駆け回る。私がハーネスを付けられるような姿勢をとる前に、一回から二回、自分のまわりをくるりと回るのだ。（ハーネスを固定する際に自分から定位置に来てくれる猫をしばしばみたことがあるだろうか。私たちが道を散歩すると一人ならぬ通行人を驚かせてしまい、犬は我が目を疑ってしまう）。こうした回転はゼロ地点、すなわち戸口前の最初の位置まで戻ってくるということのほかには何の役にも立たないのだが、これを実行していなければ、その後の行動が行き詰

（19）〔訳註〕コンラート・ローレンツ『攻撃――悪の自然誌』日高敏隆・久保和彦訳、みすず書房、一九八九年、一〇九―一一〇頁。

まってしまうように思われる。客観的には無意味であるとしても、目的の実現にとって本質的な要素が欠けてしまったかのようになる。想像上の障害物のようなものが計画を少しのあいだ先延ばしにしてしまう。しかも、毎回こんな調子なのである。いや、実際には毎回ではないが。こうした複雑化は一連の手順の一部をなしている。計画の主目的にとっては回り道にみえるのだが、この複雑化なしには、物事を始めるためのさまざまな条件が一致しないのだ。

自分に固有の習慣と小さな癖を観察しようと骨を折るならば、いつも同じやり方で行動することが私たち一人ひとりにとっていかに心落ち着かせることか、知らない者はいない。同じやり方とは、つまり、毎日歩いて通るいつもの短い道筋とか、寝室を整える順序とか、これと同様のほかのあらゆる状況である。私たちの日常的な環境における最初のサイクルが永続し、同一のままであることに貢献するこうしたささやかな仕草を、私たちはまさしく自分の知らぬ間に再生産している。ほかのあらゆる状況が不確かなとき、私たちはこのサイクルからどうしても逃れられない。同様に、動物がその寄り合いの住処で行動するのは、この同じ安定状態においてである。アパート住まいの猫の暮らしにおいて、日常的な活動はいくつかの確認作業——すべての物がちゃんと同じ場所にあるだろうか——によって構成されている。無秩序、物音、遠吠え、神経の発作……さまざまな障害を挙げ連ねていく激しさが増すと、事物の配置の変化が気になって猫は混乱してしまうし、その感情的世界が打撃を受けると猫は恐れ慄いてしまう。そうしているときに脅かされているのは、人間の家のなかで猫自身に合わせて一から十まで築き上げた生活の崩れやすい均衡状態である。不安は動物の魂の土台であり、この土台はそうした安定した住環境を守る快適さにも通じている。だが、その住居のサイクルよりもはるかに大きなサイクルの気分が急変することもある。[20]

ある日曜の朝、私たちは小さな公園を散歩したとき、この既知の場所を確かめるための長い道中、私はミチョのあとを追った（たしかに綱でつながれているのだが、しかし、ミチョはとるべき方向をひとりで断固として決定している）。そうしているとき、こちらからは生垣で見えなくなっていたのだが、その曲がり角で、地べたで眠っている二人組を見つけた。大人とその腕に隠れた子供がいて、その頭と上半身が覆いで隠れているのが見えたのだ。脚の下半分と二組のスポーツシューズが飛び出しており、そのサイズの違いによって子供がいるとわかった。このホームレスの二人組は、おそらく公園が閉まったあと、誰にも気づかれずにそこに居ついたのだろう。ミチョはかなり距離をとって動かずにいて、はじめは当惑していたものの、次には心底不安げにしていた。人間として認識したこの形体の意味を問いながら、ミチョは身動きしなかった。でもなぜ地べたで、丸まって、動かずにいるのだろう。死というものが何であるのかとはじめて考えて、ミチョが身震いしているのではないかと私は自問した。打ちひしがれ、ずっと衰弱したままで、倒れ込んでいて、もう立ち上がれない状態。立って、話して、動き回る姿しか知らなかったものが動かなくなっているのだ。二人組は部分的に覆われていた。彼らは人目につかないようにこうして隠されている死人なのではないか

（20）〔訳註〕ここで「気分」と訳したla tonalité affectiveはハイデガー用語のStimmungの仏訳語。ハイデガーは「気分」を積極的に哲学的主題とし、現存在と世界の関係の基底とみなした。

ないか。ミチョは静かに身をかがめ、毛並みを膨らませ、しっぽの毛を垂直に逆立てていた。

　この重大な出来事は今まで与えられてきた認識に関するあらゆるものを超えてミチョを動揺させたが、この出来事の意味をおそらく教えてくれるかもしれない匂いを集めようとミチョが熱心に規則的に鼻をひくひくさせて、ついに長い数分が経った。ミチョは、何も不意に現れないことを確認するためにたえず振り返りながら、とてもゆっくり、用心深く後ずさりをした。無駄に動くと自分の動きがすでに失った均衡をよりいっそう混乱させるかもしれないと恐れながら、ミチョはまるで足かせをはめられているかのように進んだ。ミチョはさまざまな場所の安定を奪ったあの謎の形体から目を離さなかった。地面に落ちた初秋の黄色い落ち葉を踏んで、できる限りそっと、みしみしと音を立てて、少しずつ歩きながら、この庭で起きたドラマの中心から離れようと私を誘った。ミチョの歩幅はとても小さかった。ミチョは不安から逃れられないまま、私を木立のなかへ引っぱりこみ、ハーネスのひもが許す範囲で木々に登って、通いなれた場所を調べ始めた。ミチョはある程度の歩調と安心を取り戻した。死出の装いをした二人組が少し動くのを私たちは遠くから見た。このことはミチョを安心させたのだろうか。私たちは庭を出ると、うろつかないでそのまま帰宅した。

「猫はとても保守的だよ」と、ある日、近所の友人が私に言った。彼女が考えていたのは自分の猫が選んだ黄色いセーターのことで、それは、猫が身を落ち着けるためにかならず一定の場所になくてはならないのだった。不確かなことは猫にとって我慢ならないのだ。そんなとき、猫はかんかんに怒って目をぎょろつかせる。一定のルールに沿って六種のドライフードが載せられた皿の場所についても同じことが言える。正午に寝床の支度がまだできていないときに非難がましい目をすることについては言うまでもないけれどね、とクロディーヌはさらに私に打ち明けたのだった！　彼女の猫が選んだセーターについて、猫が闘争心をあらわにしていじり回しながら、口ではその他の部分をしっかりと咥えているあのセーターについて話そう。その布地はあたかも他の何かに関連し、他の猫であるかのように、猫に特異な振る舞いを突如引き起こし――十分に引き起こすことができ――、まごうことなき満足感をふんだんに与えるのである。すべては自分の気に入るように――これこそが猫の活動であり、猫はこの活動から気をそらすことをよしとしない。猫はこちらが意のままにできる動物ではないのである。

こうした習慣と嗜好は猫と暮らす人々にはよく知られているもので、

本能に関するローレンツ[21]の主要な命題のひとつを正当化しているように思われる。モーリス・メルロ＝ポンティ[22]はこれについて次のように注釈している。「本能とは同時に［…］惰性であり、幻覚的で夢想的な行動でもある。本能は世界をつくり出すことも、世界のいかなる対象にも引き留まることもできる。その理由を知らないまま緩和を見出そうとする緊

（21）〔訳註〕コンラート・ローレンツ（1903–1989）はウィーンの動物行動学者。一九七三年にはノーベル生理学・医学賞を受賞した。著作に『攻撃』『ソロモンの指環』『人イヌにあう』『八つの罪』など。
（22）〔訳註〕モーリス・メルロ＝ポンティ（1908–1961）はフランスの哲学者。後期フッサールの現象学から出発し、身体や知覚を哲学の根本問題として主題化した。著作に『行動の構造』『知覚の現象学』『シーニュ』『見えるものと見えないもの』など。

張であるかぎり、本能は非現実的なものも、現実的なものも志向していない[23]」。「狂気の一五分[24]」という別の特徴的な表現もある。猫は走り回り、よじ登り、飛び降り、あらゆる方向へ舵を切り、テーブルクロスをひっくり返してしまう。このとき何が起きているのだろうか。猫は自分自身にいたずらをしかけているようにみえる。猫は誰かを恐れさせる者であり、恐れる者でもある。かくして、猫はおそらく、平板な生活にわずかな奥行きと刺激を与えているのである。その生き方が私たちの生き方に隅々まで枠づけられており、視野に入るのがすべて家庭の環境という身近な動物たちに対して、私たちはこれまで、自分たちの責任を十全に認識してきただろうか。

動物行動学の視点から見れば、儀式化は「自然淘汰による生物目的論《テレオノミー》的抑圧のもとで、ある行動を情動的な動機に適応させる形式化ないし方向づけと定義されうる」[25]。形式化がいかなる行動にも内在するかぎり、この定義は（少なくとも動物行動学者以外の者にとって）一目瞭然というわけではない。だがこのことは、この定義の成功を確証し、第三者が認識し理解できるようにする。何らかの行動の儀式化された特徴が、あ

（23）Maurice Merleau-Ponty, *La Nature. Cours du Collège de France, notes*, Paris, Seuil, 1995, p. 252.

（24）〔訳註〕フランス語表現 « le quart d'heure de folie（狂気の一五分）» は、飼い猫が朝方や夕暮れどきに、部屋中を走り回ったり、飛び回ったり、獲物を空想して攻撃したりする行動を指す。過度の刺激によって生じたストレスや不安を猫が発散する行動である。

（25）Julian Huxley, « Introduction », *in* Julian Huxley（dir.）, *Le Comportement rituel chez l'homme et l'animal*, Paris, Gallimard, 1971, p. 9.

る程度まで硬直化の形式と共通点をもつとすれば、こうした形式化がどのような状態にあるのかをより良く理解することができる。デズモンド・モリス[26]は、ステレオタイプな行動を、動物の儀式的なものと丹念に区別した。ステレオタイプな行動は硬直化するが、その原因はほとんどの場合、通常の行動が発展しえないほど貧しく不毛な環境にもとめられる。一見すると、これら二つの行動は驚くべき相似を示している。たとえば、ある動物がケージのなかを行ったり来たりするのは、ご機嫌とりをする動物がくるくる回るのと類似している、といったことである。だが、儀式化がより実効的なコミュニケーションを目指し、達成しているのに対し、囚われた動物のステレオタイプな行動は空回りである。行動図式は作動し始めるが、しかし、行動を導く多様な刺激物が欠けていると、行動は反復として凝固してしまう。こうして、動物は逃げたいと思っていても、ケージのなかでは失敗するので、徐々にリズミカルな仕方で行ったり来たりするようになる。儀式的／ステレオタイプという二つの行動の事例において、「主体は刺激され、そして抑制される」[27]。この抑制は物理的障壁（鉄格子）か心理的障壁（たとえば、威嚇を誇示する場合、動物は恐怖と攻撃に分裂している）に由来するのである。

動物学者にとっては、儀式化の機能はそれが関わる行動の種類と同じ

（26）〔訳註〕デズモンド・モリス（1928–）はイギリスの動物学者。動物行動学の見地から、人間中心主義的な価値観を批判する。チンパンジーに絵を描かせるパフォーマンスでも知られる。著書『裸のサル』は世界的ベストセラーとなった。

（27）Desmond Morris, « La rigidificacion du comportement » *in* Julian Huxley, *op. cit.*, p. 127.

くらい多様である。次の三つの特徴をとりあげてみよう。第一に、動物のものを含めて、数々の儀式化した行為の「自己感性的あるいは無動機的な特徴をもつ構成要素」である。[28] 行為のための行為という快楽が存在するのだ。第二に、動物と人間の儀式化はおしなべて（したがって、これは動物と人間の特徴のひとつである）「対立する二つの力の組み合わせ」であり、そのうちの一方は「単純化、コミュニケーション、そして機械的行動」へと向かい、他方は「複雑化、遅れた行動、延長された持続」へと向かう。[29] 第三に、儀式的行動の持続性は、動物においても人間においても、「深く根付いた」習慣に背いたことで呼び起こされる不安によって、部分的に説明されうる。[30]

適応という角度からこの問題にアプローチするローレンツによれば、習慣を獲得し、これが見込まれた成果に至ることを確認した動物は綿密にこれを反復する。成功を導くものであれ、失敗に向かうものであれ、その因果関係の全体を知っていなくても、動物は成果に至ったものを反復するのである。だが、人間の盲信的態度にも同じことが言えないだろうか、とローレンツは問う。幸運な時期に厄除けを怠ったからといって何が起きるというのだろうか。ローレンツは、純粋に機能主義的な角度からではあるが、ジュリアン・ハクスリー(31)が扱った、動物において観察

(28) Julian Huxley, *op. cit.*, p. 25.
(29) *Ibid.*, p. 34.
(30) Konrad Lorenz, « Évolution de la ritualisation dans les domaines de la biologie et de la culture », *in* Julian Huxley, *op. cit.*, p. 55.
(31) 〔訳註〕ジュリアン・ハクスリー(1887–1975)はイギリスの生物学者。生物学者T・H・ハクスリーの孫。ロンドン大学動物学教授、王立科学研

された奇妙な儀礼と人間の儀式の曖昧さを支持している。歴史的過程と系統発生学的過程を分けるさまざまな差異にもかかわらず、人間社会と動物社会において似通った機能によって説明される、驚くべき類似——攻撃性の抑制——が明らかにされなければならない。これがローレンツの命題である。

だが、動物はたんに系統発生学的過程によって形成されるわけではない。歴史的過程によっても形成されるのである。動物たちはさまざまな理由で、「私たちの数々の歴史」と私たちのひとつの歴史「のなかに巻き込まれている」（ヴィルヘルム・シャップ）。(32) そして、動物たち自身、それぞれがみずからの歴史をもち、数々の歴史とひとつの〈歴史〉をもっているのだ。ここで、ただひたすら想いを馳せてみよう、人間の家を自分の住処として、たんすのなかを掘り返し、黄色いセーターを見つけた最初の猫の――成功を収めた――挑戦のことを。

究所教授、ロンドン動物園園長、ユネスコ初代事務局長を歴任。ダーウィンの進化論を批判的に継承し、自然選択説を擁護して、総合進化説を主導した。後年は国際的なヒューマニズムの活動を展開し、人類が科学技術によって社会環境を改善する「トランスヒューマニズム」を提唱した。

（32）〔訳註〕ヴィルヘルム・シャップ（1884–1965）はドイツの哲学者、法律家。現象学者フッサールの弟子であったが、のちに弁護士となった。後年、ハイデガー哲学批判のために書かれたのが『諸物語に巻き込まれて』『諸物語の哲学』である。

コミュニケーション

人間は他の種の動物と共存しており、同じ地上の使用権を分かち合っているのにもかかわらず、コミュニケーションをとることができません。この状況ほど、心と精神にとって悲劇的で屈辱的なことはないのです。この天地創造の際の大きな欠陥を根源的だとはみなさずに、人間の登場にこそ人間の条件とその不自由さの端緒となる出来事があると、諸神話が解しているということはよくわかります。

——クロード・レヴィ＝ストロース『遠近の回想』
（ディディエ・エリボンとの対話[33]）

「動物に欠けているのは言葉だけだ」と家で飼っている動物についてたびたび言われる。動物は何も（あるいは、ほとんど）理解していないのだろうか。とりとめのない会話を可能にするこの〔言葉という〕道具の助けを借りなければ、動物はみずからの期待の対象、欲望の性質、怒りの原因を明らかにすることはできないのだろうか。とはいえ、この特殊な友人が自分と同等のものとなることを、私たちは本当に望んでいるのだろうか。話すことを、今日の天気について話したり、何でもないことを話したりすることを望んでいるのだろうか。言語などあまり役に立たないという気持ちをおそらく抱きながら、しかしそれでも、話すことを

（33）〔訳註〕クロード・レヴィ゠ストロース『遠近の回想』竹内信夫訳、みすず書房、二〇〇八年、二四八頁。

望んでいるのだろうか。「否、神秘的な猫、天使のような猫／奇妙な猫、お前の声ほど／私の心という完璧な楽器に食い込み／弦を震わせて堂々と歌わせる弓はない」(34)。

実際に、動物は一緒に暮らしている人間からみずからを隔てる隙間を埋めようと、人間が動物に対してそうするのと同じく努めているようにみえる。「それら〔獣たち〕と私たちのコミュニケーションを阻害するこうした欠点は、なぜ獣たちのものであるのと同じく私たちのものではないのか。獣たちが私たちを理解していないのと同じく、私たちは獣たちを理解していないのだから、私たちを理解していないのは誰の過ちなのかを考えてみるべきだ。私たちのように推論しながら、私たちが獣《ペット》たちを愚かだと評するように、獣《ペット》たちも私たちを愚かだと評しているかもしれない」(35)。この引用からモンテーニュの懐疑論(36)が確認できただろう。獣と人間は第三の道を見出すべきだ。相互理解のための各々の仕方の中間にある言語上の一致点によってなされる、第三の道を見出すべきなのである。

だが、この道の開拓が切迫しているのは、まずは動物たちにとってで

---

(34) Charles Baudelaire, « Le chat », *Les Fleurs du mal*, *op. cit.*, p. 110.〔シャルル・ボードレール「猫」、九八―九九頁〕

(35) Michel de Montaigne, *Les Essais*, livre II, chap. xii, Paris, Gallimard, coll. « Quarto », 2009, p. 550.〔モンテーニュ『エセー（二）』原二郎訳、岩波文庫、一九七六年、三五頁。フランス語bêteは名詞で「獣」、形容詞で「愚かな」を意味し、ここではその二重の意味が用いられている。〕

(36)〔訳註〕一六世紀のフランスのモラリスト・モンテーニュは確実な知を否定し、ソクラテス的な無知を主張した。彼は懐疑論によって、「見かけ」と「現実」を区別し、ひとは見かけしか知ることができないと考える。

ある。なぜなら、動物たちの生き方、そしてその快適さがこのことにかかっているからだ。ピエール・ロティは『死と憐れみの書』において告白しているが、「おそらく私はこれまで、自分の同胞たちよりも獣たちの魂に対してより大きな憐みを抱いてきた。なぜなら、獣たちは言葉をもたず、薄暗い状態を脱することができないからであり、なにより、獣たちの方がもっと慎ましく、侮られているからだ[37]」。たとえ「獣たちが話すとしても」、人間の条件と獣の条件の隔たりは、言語《ロゴス》中心主義が強力であればそれだけいっそう強く感じられる。いずれにせよ、はっきりしない語、表現、声がまもなく共通認識となり、実践的理解と情感的交流のための場が開かれるということには変わりがない。

一般的に、私たちは沈黙することが何を意味するかを自問したことがない、もしくはもはや自問するのをやめてしまった。ある表現を即座に無意味なものと位置づける際、私たちはその細部への注意を怠っている。だが、世界の沈黙は動物の声で満ちている。ジョルジョ・アガンベン[38]は私たちが「動物の声の大合唱のなかで、ひとり声をもたずにいるという耐えがたき条件をもつ」ことに言及している。[39] 声は「意味の決定された

(37) Pierre Loti, *Le Livre de la pitié et de la mort* (1891), inclus : *Vie de deux chattes*, Paris, Payot, coll. « Petite Bibliothèque Payoc », 2013, p. 65.〔ピエール・ロティ「二匹の牝猫の一生」大塚幸男訳、『死と憐れみの書』、白水社、一九五二年、四四頁〕

(38)〔訳註〕ジョルジョ・アガンベン(1942–)はイタリアの哲学者。美学、政治哲学を論じる。フーコーの「生政治」、「生権力」概念を独自の仕方で読み替え、従来の共同体概念を批判した。著作に『ホモ・サケル』『アウシュヴィッツの残りのもの』『例外状態』『開かれ——人間と動物』など。

(39) Giorgio Agamben, *Le Langage et la Mort. Séminaire sur le lieu de la négativité*,

事象をひとつももたない、言語という審級の純粋な出現」であり、「カテゴリーのなかのカテゴリー」であり、言語によるあらゆる表現の前提であるとされる。[40] 人間は言葉を話すがゆえに、声を失っているのだ。ヘーゲル[41]は声――「動物のもつ恵まれた特権」――を動物の自由な行動に関連づけた。主体性の表現である声は、「自己感情の外在化である」[42]。外在する現実を参照するたんなる記号とは異なり、声は自己感情を表明するるのだ。金属も音をもっており、外在する出来事に反応するものの、けっして声をもっているわけではない。「自分自身において震え、空気を震わせるかぎりにおいて、主体的存在は魂の満ちた存在としてみずからを知らしめる」[43]。水生生物は声をもたない。声は思考により近いものである。なぜなら、声のなかで、そして声によって、「純粋な主体性は客体となる」からである。[44] ヘーゲルは鳥の歌をとても高く評価したが、彼

は近代の思想家のなかではじめて、このメロディのなかに「明るい自己

Paris, Christian Bourgois, 1991, p. 191.〔ジョルジョ・アガンベン『言葉と死――否定性の場所にかんするゼミナール』上村忠男訳、筑摩書房、二〇〇九年、二四七頁〕

(40) *Ibid.*, p. 73.〔同前、九〇頁〕

(41)〔訳註〕G・W・F・ヘーゲル（1770–1831）はドイツの哲学者。新プラトン派、近代思想を独自に体系化した論理学、自然哲学、精神哲学は後世に大きな影響を与えた。著作に『精神現象学』『大論理学』『エンチクロペディー』『法哲学』など。

(42) G. W. F. Hegel, *Encyclopédie des sciences philosophiques II : La philosophie de la nature*, add. au § 351, Paris, Vrin, 2004, p. 640.〔ヘーゲル『自然哲学』長谷川宏訳、作品社、二〇〇五年、四七四頁〕

(43) *Ibid.*〔同前、四七四頁〕

(44) *Ibid.*, p. 641.〔同前、四七五頁〕

享受」「自己自身の直接的享受」が表現される「欲望なき外在化」を見て取った(45)。なぜなら、鳥は歌うという純粋な快楽に没頭するからだ。これらの指摘はもちろん、言語活動の起源の問いへと通じている。この起源が見出されるのは記号においてだろうか、あるいは反対に、声においてだろうか。言語活動は声の抑圧なのだろうか。

動物たちはひそひそ話やささやきを理解していると古代の人々は公言していた、あるいは奥義に通じた者の真理として認めていた。人間と動物の仕切りをなす言語という不透過な生地はほつれている。言語未満の理解水準は言葉によって解き放たれる水準よりも強力で、人間が動物に対して引き起こそうとするあらゆる意地悪な企みを前もって台無しにし、人間が心のなかに隠しておきたかった秘密をことごとく動物に暴露してしまう。実際、物事はこの方向に進んでいったのであり、動物は人間の計画を知っているが、人間は動物の計画を知らない。「獣たちがまだ話していた時代」——動物と人間が互いにまだ区別されていなかった時代、したがって、お互いにおしゃべりしていた時代を想起させる神話やおとぎ話は数多くある。年に一度、動物が言葉を取り戻し、自分たちだけでひそかに会話しているとされる特別な夜のことを忘れてはならない。真の断絶はまさしくここに位置づけられるのだろう。

記号による言語や豊富な表意文字といった道具を用いて動物に話させようという科学者たちの試みは無視できない。こうした試みは〔動物の〕孤立を解消し、動物との共同体をつくるのに資するのだろうか。確かなことは何もない。むしろ、沈黙がいかなる意味か、話すことがいかなる

（45） *Ibid.*, add. au § 365, p. 690.〔同前、五四〇頁〕

意味かを理解しない実証主義が、言語能力と、共同体で共有される固有の話し言葉とを混同したまま、作用していないだろうか。なぜなら、話すこととは言語活動によって麻痺することであり、事物的世界よりも言語的世界において生きることだからである。話す存在の知覚は話さない存在の知覚とは異なっている。それは、よく言われるように、後者の知覚が生きるために有益な対象に限定されている（残りのものは背景に退いている）からではなく、反対に、知覚を固定し、分類し、反復する言語によって指標化されていないためにより多義的だからであろう。いかなる名札によっても名付けられはしない多彩さに従う後者の知覚はより奥深い形の知覚だろうか。ともあれ、動物の世界は安定しており、「生きること、それは世界の－確実性の－なかで－生きることなのだ」（フッサール）。[46]

動物たちに話をさせたいという願望は、意味作用すべてが究極的には言語活動によって保持されるという考えの一部である。しかしながら、表現性は表現に閉じているわけではない。表現性は表現の下書きでしかなく、表現性の最終的な完成形が表現であるというわけではないのだ。そして、長い強制的な習得時間と引き換えにたたき込まれる人間の伝達手段たるさまざまな語を用いても、動物たちはその表現性のコードをけっして明らかにしてはくれない。〔人間と動物の〕つながりがもしあるとす

（46）〔訳註〕エドムント・フッサール（1859–1938）はドイツの哲学者で、現象学の創始者。先入見を排し、意識の志向的構造を基礎とした哲学を構想した。後期には、言語による主題化以前の「生活世界」について記述しようとする。著作に『論理学研究』『イデーン』『デカルト的省察』『ヨーロッパ諸学の危機と超越論的現象学』など。

れば、それは翻訳ではないのである。

かくして、表現性／意味、表現／意味作用という二対の混同こそが、一方で、猿に話させようとする計画を動機づけているように思われる。つまり、曖昧で不確か、不完全で理解しづらいものとみなされる猿たちの表現性を低く見積もり、理解の完全で正当な地平への接近をついには可能にする、意味づけられた表現を高く評価するのである。しかし他方で、こうした計画を無効にするのもこの混同であるように思われる。表現はけっして、表現性を明確にすることも、転写することも、その止揚された状態のような高次の水準へともたらすこともないからだ。動物ははじめから表現的な仕方で生きている。言語能力の豊かさとはまったく異なる豊かさをもつ表現性の無－言語的世界において彼らは生きているのである。実際、表現的なものは表現的なものしか参照しないのに対して、意味作用と表現は言語活動の方に属さなければならないものであろう。「私たちが自分の体験を理解する、さらには、たんにその内容を表現しようとするやいなや、言語活動によって前もって構築され考察されてきたすべてのものが無-言語的水準の経験にほかならないものを隠蔽してしまう(47)」。

人間の環境に沈潜している場合、身近な動物は何かを理解し、自分を理解してもらおうと努力しなければならない。犬はいくつかの単語を行為に結びつけて、すぐに学習する。ほどなくして、犬は単語だけで事物を知らせることができるのだ。猫もこうした仕方で結びつけるが、人間の言語活動は犬ほど猫の関心を引かない。というのも、猫というこの未

(47) Erwin Straus, *Du sens des sens*, Grenoble, Jérôme Millon, 2000, p. 325.

知のものは別の場所にとどまり続けるのだ。私たちは自分が飼っている動物と一緒に話すことより、この動物に向かって話しかけることに明白な快楽を覚える。新生児との対話と同じく、動物たちとの対話は対話とはいえない。あらゆる語の発明や組み合わせ、結びつき、そしてイントネーションが許された退行的で甘美な喜びだ！　私たちは言語、それも最小の言語を用いて、魔法の言葉や贋金をひそかに通用させ、何でも買えるモノポリー〔ボードゲーム〕の金券を通用させることができる。もし猫がごろごろ言っているなら、嬉しそうに目を見開いたこの新生児、談話の断片が差し宛てられているこの愛しい猫は満足しきっているのだ。この場合、〔相手に〕同じことを期待せず、制御しないで、私たちは話している。より正確に言えば、私たちは愛の言葉を甘くささやいているのだ。

ジャック・ラカン(48)が指摘しているように、マラルメ(49)は「表面も裏面も、消えかかった人物像しか示さないような硬貨が、「黙って」手から手へと渡っていくことと、共通言語の使用とを比較している。〔…〕この隠喩は、どんなに摩耗していたとしても、言葉は金券としての価値を保っているということを私たちに思い起こさせてくれる(50)」。しかし、一度しか

(48)〔訳註〕ジャック・ラカン(1901–1981)はフランスの精神分析学者。フロイト主義から出発し臨床研究を経て、言語の基底となる構造化された無意識を研究した。著作に『エクリ』など。

(49)〔訳註〕ステファヌ・マラルメ(1842–1898)はフランスの詩人。ポーやボードレールの影響を受けて詩作をし、象徴派の代表者となった。著作に『半獣神の午後』『骰子一擲』など。

(50) Jacques Lacan, *Fonction et champ de la parole et du langage en psychanalyse*, Rapport

起こらなかった特例的な事実によって、猫のミチョはこの交換価値を超えた冒険を試みた。その方法は次のとおりである。ミチョの旅行用のケージを出しておき、幾日かが経ったが、私たちはあいかわらず出発しなかった。三日目に、ミチョはケージをじっと眺め、動かなくなり、私と向かい合った。このとき信じられないことが起きた。私の目をまっすぐ見つめながら、ミチョは声に抑揚をつけながら、驚くべき仕方で、ある言葉のイントネーションを模倣したのだ。ミチョが私にほとんどこう尋ねているように聞こえた。「なぜケージがここにあるの」(その言外の意味は、「私たちは身支度をしていないのに」)。いつも通りに私も真剣になって、たしかにケージを前もって出しておいたのだから、私たちはすぐに出発するのだと答えた。ミチョは私の言うことを注意深く聞いていた。私はその眼差しから、彼が理解しておらず、落胆しているのを読み取った。明晰判明な対話の試みは注意力を必要とし、それにともなってかすかに緊張していたミチョの身体はゆるんだ。ミチョは部屋を後にした。この腕試しは依然、答えのないままである。

du congrès de Rome, 26–27 septembre 1953, p. 93.〔ジャック・ラカン「精神分析における言語と言語活動の機能と領野」竹内迪也訳、『エクリ1』、弘文堂、一九八四年、三四三頁〕

友愛

なぜならそれが彼であり、そしてそれが私だったからだ。

——モンテーニュ『エセー』、「友愛について」[51]

人間と動物の友愛という問いを提起するのは大胆であるようにみえる。第一に、数世紀にわたって用いられてきた、欠如による動物の規定(52)では、両者の友愛を弁護しえないだろうからだ。魂、意識、理性、言語活動などといった、人間がかくも気高く備えてきたあらゆる性質をもたない愚者〔動物〕をどうしなければならないというのだろうか。とりわけ高校の最終学年において哲学の授業で学ぶように(53)、自分がもっておらず自分

(51)〔訳註〕モンテーニュ『エセー（一）』原二郎訳、岩波文庫、一九六五年、三六四―三六五頁。
(52)〔訳註〕西洋哲学の伝統において、動物は人間の規定に準拠して、その欠如によって規定されてきた。人間は「理性的動物である」「言語能力を有する」「社会を構築する」などと規定されるのに対して、動物は理性や言語能力、社会をもたない存在として規定される。

ではないものによってしかけっして理解されえないとるに足りない存在〔動物〕へと、人間はなぜ、いかにして、いかなる狂気から結びつけられるのだろうか。第二に、少なくとも表面上、友愛が成立するためには同じ関心を共有している必要があるからだ。友人選びに大きく関わる親近感は、まさにそうした共通の関心から生まれる。この親近感がどうしても欠けてしまうとすれば、友愛、愛情、愛をいかにして想像すればいいだろうか。「友人の声は動物の声でありうるのだろうか。動物に対して可能であるような友愛的なものは存在するのだろうか」、とジャック・デリダ[54]は問うている。[55]彼はこの問いに対する否定的な回答を、生きものへの責任と、隣人としての動物の理解の拒絶に結びつけている。

人間同士の友愛を生み出すもの、すなわち、考え方や好みの領域でのさまざまな性向や合意は、動物たちと結ばれる絆——その錬金術は実に

（53）〔訳註〕フランスの高校では最終学年で文系・社会経済系・理系を問わず哲学科目が必修とされ、大学入学資格試験（バカロレア）でも全受験者に哲学の筆記試験が課せられる。

（54）〔訳註〕ジャック・デリダ（1930–2004）はフランスの哲学者。「脱構築」を提唱し、哲学のみならず、文学、政治、言語、倫理、教育、芸術、精神分析などに影響をもたらした。著作に『声と現象』『グラマトロジーについて』『有限責任会社』『動物を追う、ゆえに私は〈動物〉である』など。

（55） Jacques Derrida, « "Il faut bien manger" ou le calcul du sujet », *Confrontation,* cahiers 20, Paris, Aubier, hiver 1989, p. 107.〔ジャック・デリダ「「正しく食べなくてはならない」あるいは主体の計算」鵜飼哲訳、ジャン゠リュック・ナンシー編『主体の後に誰が来るのか？』現代企画室、一九九六年、一七二頁〕この一節の後には次のような文が続き、ハイデガーやレヴィナスに至る西洋の形而上学の伝統において、動物が応答する能力をもたず、人間にとっての他者となりえないとされてきた点が指摘される。「アリストテレスと同じく、ハイデガーもこれらの問いに否と答えるだろう。ひと奇妙なものだ――に含まれてはいない。したがって、人間同士の友愛の終焉を告げかねないさまざまな衝突が欠けているから、動物たちとの友愛は無味乾燥としていると考えるのは間違いだろう。実際、人間同士を結び付けるものにならって動物との友愛を理解しようとすると、誤った方向に進んでしまうのではないだろうか。言外に匂わせるようにして、動物とのあいだに比類なき友愛のモデルを見つけ出しうるのではないだろうか。それは、アリストテレスの類型に従うなら、徳のなかに刻み込まれた絆に相当する友愛である。[56] 純粋に無私無欲な友愛がそれ自体として目的であるかぎり、それは完全な友愛だ。この友愛は『ニコマコス倫理学』において提示されている友愛の二つの形、すなわち、一方は有用性に基づいた友愛、他方は快楽に基づいた友愛のどちらにも反している。そうした友愛は、かつてそれらをかき立てた動機が衰えていくにつれて消え去る運命にあるのだ。動物との友愛に失望はないとよく耳にする。しかし、忘れてはならないが、相互性がある場合にのみ、私たちは友愛

は生きもの一般に対する責任＝応答可能性をもっているだろうか。答えはやはり否だ。そして、西洋の形而上学あるいは宗教の、規範化された、あるいは覇権的な言説の全体において、この問いは、答えがかならず「否」になるような形に設定され提起されてきたのであった、それはこの言説が今日取りうるもっとも独創的な形態、たとえばハイデガーやレヴィナスも含めてそうなのだ」(同前)。

(56) 〔訳註〕アリストテレスは『ニコマコス倫理学』や『エウデモス倫理学』において、友愛の三つの類型を提示する。「有用性による友愛」では功利によって、「快楽による友愛」では心地よさによって友が選択されるが、これらの友愛は偶然的なものである。「徳による友愛」は善き人同士のあいだで相互的に結ばれ、偶然的な要素を含まない完全な友愛とされる。

関係にあるのだ。それは、たんに受け取るだけではなく与えること、幸せな共同体を形成すること、分かち合うこと、結託することだ。つまり、十全な意味において、共存するということなのである。

誰かを選ぶという行為は、友愛からあらゆる政治的な力を奪うように思われる。友愛に特権と特権をもつ者が結びついてしまうし、〔友として選ばれる〕他者は誰でもいい任意の他者ではないのだ。動物たちに対して行使される大部分の慣例が暴力への糾弾を引き起こしているが、こうした態度は数世紀にわたって、主流に反する哲学史をなしている。こうした哲学が動物の地位の見直しを要求する場合、友愛ではなく、感覚をもつ者たちに対する正義の義務に立脚している[57]。正義がまさにその本質において、避けがたく普遍性を含んでいるのと同様に、友愛は数々の選択をおこなう。ここから、友愛よりもむしろ正義に訴えるという哲学的な立場を説明できる。なぜなら、人類愛から求められるように、たとえ権利上は普遍化されうるのだとしても、友愛は親近性と結びついている以上、事実上は普遍化されえないからである。

とはいえ、「犬の権利連盟の委員会」で「人間の権利についての大論争」がもち上がったことがあり、[58]アランがその事の本質について伝えている。犬たちへの人間の自発的隷従について長々と質疑が続いた――

(57)〔訳註〕イギリスの功利主義哲学者ジェレミ・ベンサムは、『道徳および立法の諸原理序説』において、動物の苦痛が人間の苦痛と同じくらい確実なものだとした。彼は理性的能力ではなく、苦しむ能力によって人間以外の存在に対する道徳的基準を考慮すべきだと主張した。

(58) Alain, « Les droits de l'homme », 19 octobre 1925, in *Esquisses de l'homme*, *op. cit.*, p. 34.〔アラン「人間の権利」、『アラン著作集4　人間論』、四五頁〕

「自分で犬小屋を建てたり、スープを用意したり、肉を切ったり焼いたりする犬なんて一度も見たことはない。こうした奴隷仕事をさせられてきたのは、これまでいつも人間であった。人間は喜んでそうしているとさえ言えるだろう」[59]。犬たちは人間に権利を与えるべきかという問題を解決するために集まり、その妥当な基準を探すのだが、見出せたのは人間とともに形成してきた、手垢のついた複合的な基準だけだった。それは、「友愛」と呼ぶべき基準であり、これまで多少なりとも認められてきた友愛であった。「まさにこの意味で、人間の権利は存在する」と、犬たちは結論づける[60]。

この主張はそれほどおかしなものではない。ギリシア人たちはフィリア〔友愛〕と、感覚をもつ存在たちを結びつける類縁性（オイケイオテース）[61]をひとまとめにして考えていた。よく「友愛」と訳されるフィリアは相互性と相互的尊重の痕跡をとどめる関係を特徴づける。他方でアガペー(62)〔慈愛〕は、誰であれ他人に対する、見返りを期待しない寛大な

(59) *Ibid.*〔同前、四五頁〕

(60) *Ibid.*, p. 36.〔同前、四七頁〕

(61)〔訳註〕「類縁性(オイケイオテース)」は古代ギリシアの友愛論における重要な要素。オイケイオテースはoikia(家)に由来して「家のもの」を意味し、そこから「同族のもの」「血縁のもの」、さらには「自分自身のもの」という含意にまで及ぶ。プラトンは『フィリア――友愛について』で、ひとは自分に欠けたものを欲望するために、これを有している他の誰かと友愛を結ぶとする。「お互いに友であるなら、本性上何らかの形で、お互いに相手が自分のものである」(『フィリア』221e)。

(62)〔訳註〕ギリシア語「アガペー」はキリスト教において、人間に対する神の惜しみない愛を指す。性愛や肉体愛を含意し、自分に欠如したものを

感情を思い起こさせる。友愛は狭量さと不可分なので、この点で博愛[63]には劣っている。人類愛には動物に関する対称的な表現があって、それはつまり、動物愛（性的な意味がその原義を二重化したことで、いまや不幸な語となっている）[64]である。この語は動物という種全体に拡張された社会運動的な友愛の一種を含意しており、この友愛は人類愛に宿るのと同じ熱情に駆り立てられている。この友愛に関連して「動物たちの友〔amis des animaux〕」という表現が想起される、それも原則的には寛大だが、あまり深刻ではない気がかりに対する寛容さをともなって想起されるが、この表現は動物たちの利益を守る者たちを意味する。感情が少なからず疑わしいものといつもみなされている以上、社会運動的な活動が不必要な感情に依拠しないで済むように、「動物愛護家」について語る方がよいかもしれない。人間であれ動物であれ、彼らが犠牲となる侮辱的な扱い、隷従や虐待を糾弾するために、しかじかの個別的対象を愛する必要がまったくないというのが本当だとしても、友愛が正義をさらに熱狂的な水準へと高めることは事実である。

だが、ここでむしろ優先させたいのは、ある一頭の動物との関係の素

欲求する「エロス」としばしば区別されて、アガペーは絶対的な無限で無償の愛とされる。
(63) 〔訳註〕ここで「博愛」と訳出されているフランス語はfraternitéである。ラテン語fraternus(兄弟の)に由来するため直訳すれば「兄弟愛」「兄弟関係」で、カトリック教会の信徒集団「兄弟会」の名称でもあった。フランス共和制を象徴する標語「自由・平等・博愛」で知られるが、fraternitéには兄弟愛モデルに立脚した同胞意識のニュアンスが残る。
(64) 〔訳註〕フランス語のzoophilieには「動物愛好」と「動物性愛」の意味がある。

晴らしさというより、その特異さと完全さという考え方——すでに注意を促した考え方である。友愛を通じて友に白紙のページが残され、行間で呼吸する余地が残されるからこそ、友は移り気な存在感を示すことができる。つまり、誰かのものになることなくそばにいてくれて、自由に去っては自由にまた戻ってきて、友愛を特徴づけるこうした距離感をもっともそばにいるときにさえ保つのである。それ自身が目的であるような友愛、つまりみずからを生み出した利害関係がなくなってもすり減る可能性のない友愛が真に倫理的な唯一の友愛であるとすれば、動物との友愛は完全にそれに当てはまっている。

日々の流れにおいて再開し続ける、果てしなく新しい時間性、これこそが動物との友愛の時間性である。挫折する可能性などなく、日常生活はこの友愛を強めていく。なぜなら、動物が些細な物事に無限の魅力を与えてくれるからであり、動物がいなければ、そうした物事は日常生活においてまったく取るに足らない地位を占めるだろう。朝方に飲むお茶のために最初の水を沸かす行為に、待ち構えている動物に最初のご飯をあげる行為が付け加わる。私たちが友人とみなし、実際に私たちの友人である動物たちは、いわばある種の誇りと自尊心、それに沈黙による信頼感──「かぎ爪の沈黙、鼻先の沈黙、小さな蹄の沈黙(65)」──をもっているのである。

(65) Jules Supervielle, « Visages des animaux » in *Naissances*, Paris, Gallimard, 1951.〔ジュール・シュペルヴィエル(1884-1960)は幻想的で寓話的な作風で知られるフランスの詩人・小説家。ウルグアイとフランスの国籍をもち、両国を往復して複眼的な視点で創作を続けた。著作に『ひとさらい』『ノアの方舟』『海に住む少女』など。〕

愛

そして、彼女（中国の牝猫）は私、いや、私の眼の中を見つめ続けていて、そのことはすでに小さな頭のなかに知的理解の世界があることを示していた。私が物ではなく、考える存在であり、憐むことができ、眼差しによる無言の願いを聞き届けることができると［…］理解していたのにちがいなかった。さらに、私の目は彼女にとっても目であり、つまりは鏡であって、彼女の小さな魂はそのなかに不安げに私の魂の影をつかもうとしていたのだ……。実際考えてみると、こうしたことを考えることのできる動物たちはおそろしいほど私たち人間と近いのだ……。

――ピエール・ロティ『死と憐れみの書』(66)

動物に対する人間の友愛は最後には説明がつくが、おそらく、それ以上に明白に与えられる、あるがままの、赤裸々な、理屈抜きの事実がある。すなわち、私たちは愛し合っているのだ。いかなる友愛、いかなる愛の起源にも何らかの出会いがある。そして、この経験に抗う影響力をもちうるものは何もない。未来の友人同士は些細な何かによってお互いにそれとわかるが、この何かは、次の段階で彼らの仲の良さを説明するとされるものとはしばしば無関係である。動物たちは出会い、そして一目見ただけで親しくなるのだ。同様に、私たちも別の動物ではなく、ほかならぬこの動物に一目惚れしてしまう。〔出会ってしまった〕この動物と〔出会うことのなかった〕別の動物のあいだにも沈黙の出会いが生じてい

(66)〔訳註〕ピエール・ロティ「二匹の牝猫の一生」、五五—五六頁。

る。「出会いを構成する役割を担うのは、さまざまな形の作為のみならず、不作為でもある。静かな態度でおこなわれる［…］こうした沈黙の不作為を私たちは知っている。［…］この沈黙に私自身が居合わせている場合にのみ、出会った存在の沈黙は存在するのだ(67)」。

理性的には不可能だと判断される動物との友愛の基準は依然として、曖昧な位置づけのままである。そうした友愛に言及した話は笑い種、奇談、隠喩のあいだを揺れ動く。どの場合も、その名に値する唯一の友愛関係――つまり、人間のあいだで練り上げられる友愛――のまことしやかな複製を相手にしている、というわけである。さもなければ、「人間の親友」として犬をしばしば形容することが適切に示しているように、動物との友愛などありそうもない性質だからこそ逆説的に、美しき友愛のあるべきモデルとみなされるのである。それは偽善の行為か、次善の策か、感傷主義か、耄碌した振る舞いなのか。動物たちへ向けられた愛はしばしば嘲笑されるものの、ゾラは次のように記している。この愛は「母性愛が女のなかで目覚めるときにさえ持続するし、母性愛の前にけっして敗れることはない。私は何度もこのことが本当だと確かめた［…］」。それ〔動物への愛情〕がそれ自身で存在するということ、さらに言えば、この愛情が他の感情とは異なり、それを感じようが感じまいが、普遍的な愛の全面的な表れであり、愛することの特殊な諸様態のひとつの変容ないし堕落ではないということを、この上なく決定的な仕方で証明

（67）Frederik Buytendijk, *Phénoménologie de la rencontre*, Paris, Desclée de Brouwer, 1952, p. 44-45.〔フレデリック・ボイテンディク「出会いの現象学（2）」神谷美恵子訳、『みすず』、一九六六年六月号、八五号、二一頁〕

することができる」[68]。コレットの場合、夫婦生活にはもううんざりだと告白するのに――「私はもう誰とも結婚したくない」――、彼女は「うんと大きな猫と結婚することをまだ夢見ている」のだった[69]！

完璧に理解し合っているというこの感情、言葉による衝突を免れたこの調和は、私たちがそう言い表したり、信じてもらわなくとも、実際にはそれ以上に流布しているのだと断言しておこう。私たちはひそかに自分の動物を愛している。お針子の縫物の上で猫がうとうとしている愛しい光景を目にしたとき――「それはまぎれもなく愛のようなものだった」――、お互いの深い信頼と、二つの生き物が共存しているという幸福とが感じられる。愛はありとあらゆる形を纏いうるが、なかでも、人間と動物をつなぐ形はおそらく「もっとも純粋に」愛を表す形である、とレミ・ド・グールモン[70]は記している。「彼女はそこにいる。安心して猫はもう一度眠りについた。ある動物によってある人間が選ばれるということは、まさしく共感の神秘のなかでももっとも奇妙なもののひとつだ［…］。この点について、犬は無遠慮で病的な例を示している。猫は心

（68） Émile Zola, « L'amour des bêtes », *Le Figaro* du 24 mars 1896.〔エミール・ゾラ「動物への愛」、『〈ゾラ・セレクション〉第10巻　時代を読む　1870–1900』小倉孝誠・菅野賢治訳、藤原書店、二〇〇二年、二一二—二一三頁〕

（69） Colette, *La Naissance du jour*, Paris, Flammarion, 1928, p. 76.〔コレット「夜明け」、『コレット著作集5』望月芳郎訳、二見書房、一九七〇年、二三六頁〕

（70）〔訳註〕レミ・ド・グールモン（1858–1915）はフランスの評論家・小説家で、象徴主義の理論家として知られる。著作に『仮面集』『フランス語の美学』『文学散歩』など。

静かに愛を抱く」(71)。実際、この方向から、すなわち、動物によって人間が選ばれるという方向から問いを立てるのを私たちはしばしば忘れてしまう。猫が人間の親友という資格を獲得しえなかったのは、むしろ気難しい猫の友愛がさほど華々しいわけでも、目立っているわけでも、騒々しいわけでもないからだと言うこともできるかもしれない。

よく知られているように、猫は本当に飼い慣らされているわけではなく、たんに手なずけられているだけだ。私たちはいまだにときおり疑問に思う。比類なき仕方でどこにでも姿を現す猫は、たしかにここにいたはずなのに、同時に別のところに、まぎれもなく別のところにいる。この謎は解明しえないであろう。なぜなら、いかなる神秘の土地へと猫の精神が冒険に出かけているのか、私たちは(幸運なことに)知らないからだ。光輪のようなものが猫の重たい頭を包んでいるような感じはこの

（71） Rémy de Gourmont, « Le chat endormi », *Paysages*, in *La Petite Ville*, suivi de *Paysages*, Paris, Société littéraire de France, 1916, p. 91.〔本書の理解に有益であるため、ここで引用されているレミ・ド・グールモン「眠り込んだ猫」の全文を訳出しておく。「先日、家から出かけるとき、私は一人の女性と一匹の猫の前で、良識の許すかぎり長く立ち止まった。それは私がよく知っている光景であったが、その夜ほど私に何かを訴えかけてきたことはかつてなかった。猫は太っていて豊かな毛並みをしており、この辺りの品種のひとつで、とくに奇抜なところはない。日本猫でもシャム猫でもなかった。その猫の美しさはつまり、奇抜さと美しさを見分けることのできる者にとっては、よりいっそう純朴で、よりいっそう胸を打つものだった。女性は辛抱強い性格のお針子の一人で、小さな仕立て屋の窓辺で作業する彼女はかけはぎの技量に長けていた。猫は彼女の縫物の上にほとんど寝そべっていて、その両耳は彼女の手に触れており、往復する針がせわしなくその耳元をかすめていた。この二つの存在のうちには、実に奥深い信頼と生きることの幸福が感じられた。片方は友のそばで縫物をし、もう片方は友のそばで眠っていて、それはほとんど感動的でさえあった。あらゆる愛しい光ことから生じてくる。いくつもの帰るべき場所のことが猫の心から離れない。猫を「遠方の存在」とあえて呼んでみようか。猫は家の中にも外にも滞在し、こうした身の回りの環境におけるさまざまな音調の音色、光、香りを猫は私たちよりもよく感じ取っている。猫がよく眠るのは、その夢のなかの生活が比類なく豊かだからだと私は信じている。ちなみに、科学者たちは、睡眠の秘密を暴くために死に至るまで猫を執拗に攻撃し続けてはいないだろうか。ミシェル・ジュヴェ(72)はそのことで名を成した。猫の二重生活においては、カラフルで面白い出来事が起こり、もちろん単調な出来事も起こるのだが、ジュヴェはあの猫の目線でこれらの出来事を見ようとはしない。「術後三日目か四日目ごろ［…］、［猫たちは］頭を上げて、瞳孔を広げて、じいっと前を見ていた［…］。そのときまで、不合理な局面を経ることなく、三か月以上動物を生かしておく景と同じであったが、それはまぎれもなく愛のようなものだった。愛は数多くの形をとるが、おそらく、人間と動物の関係以上に愛が純粋な形で現れることはけっしてない。その場所は猫にとってはさほど心地よいものではない。場所が狭いし、テーブルは堅い。強い光が当たっているが、猫は明るい光が苦手だ。そんなことはかまわないのだ。猫はどうしてもそこにいたかったし、ほかならぬこの不快な所こそが快適だし、別の場所を好まないのである。この片隅で、猫は友の温もりを味わい、彼女の呼吸を感じ取っていたのだ。ある動物によってある人間が選ばれるということは、まさしく共感の神秘のなかでももっとも奇妙なもののひとつだ。この動物はこの場所に主《あるじ》としておさまり、自分のためにこの人間を必要とし、これを見守り、その存在を、その存在だけを愛している。この点について、犬は無遠慮で病的な例を示している。猫は心静かに愛を抱くのである。」〕

(72)〔訳註〕ミシェル・ジュヴェ(1925–2017)はフランスの睡眠研究を代表する脳生理学者。著作に『睡眠と夢』『夢の城』など。遺伝上でプログラムされた行動を遂行できるように夢のなかでシミュレーションがおこなわれているという「遺伝プログラミング仮説」を提唱した。レム睡眠をしことはできなかった」[73]。猫たちの秘密を強行に暴露しようとする営みは打倒しよう！

相互の交流を阻害された二つの存在が、相手には不透明な部分が残る領域から互いのことを汲み取って、交流することを強いられている——不透明な部分について言うと、たとえば、長く憂いに満ちた、過剰なまでの憂いを帯びた、そして、計算された憂いをともなう鳴き声が止むとき、猫は何か恐ろしいことを試みる——そんなとき、そっけなく冷淡な、少ししわがれた鳴き声になり、不幸に打ちのめされているように（私の帰宅が遅くなった夜にそんな経験をさせてしまったことがある）、猫は頭を低くし、口を引きつらせ、身体を弓なりに曲げる——そんな場合でさえ、両者は愛し合うことができるのだろうか。理解し合うのではなく（とはいえ、それがいったい誰なのか、相手にしているのは誰なのか、理解しているだろうか）、無私無欲な寛大さをともなって互いのために最善を尽くすことができるだろうか。ここにこそ奇跡がある。

私たちは動物たちを撫でて、その額にキスしたり、自分の手にその足をのせたり、動物に何か話しかけたりする。そんなとき、ふとした瞬間に満ち足りて、動物たちは目を閉じる。この完璧な調和を味わっているのだ。そして、もちろん私たちも味わっている！「海のような感情」が私たちに到来するのは、まさにこの瞬間からではないだろうか。野生

ない猫は夢を見るとされるので、ジュヴェはこの仮説を猫の実験観察によって導き出した。

（73）Michel Jouvet et D. Jouvet, « Le sommeil et les rêves chez le chat », in *Psychiatrie animale*, Abel-Justin Brion et Henry Ey (dir.), Paris, Desclée de Brouwer, 1964, p. 153.

の生活ではキスも愛撫も言葉も知らないが、動物たちはある程度明白にそれらを受け取っている。「牝猫が何度もためらったあとで、意を決して私に要求していたもの、それは食べ物でも飲み物でもない。それは〔…〕、少しの友愛だった……。好意をもった手で撫でられず、誰からも愛されなかったこの落ちこぼれの獣が、いったいどこで友愛を知ることができたのだろうか(74)」。動物たちを飼い慣らしてきた歴史が、動物たちに対する人間の支配の歴史と一体だとしたら、物理的な支配（動物の拘束や隔離の処置、肉体の切除）、生物学的な支配（生殖管理、いくつかの身体機能の変形）、遺伝的な支配（はじめは経験に頼ったやり方で実現されていたが、いまや、つねにより正確な生物工学的な道具によってなされている選別）もまた──その余白において、かつての目的とは異なっていても──、〔人間と動物が〕抱擁し合って目を閉じる行為を支配することにほかならないのである。

（74）Pierre Loti, *Le Livre de la pitié et de la mort, op. cit.*, p. 78–79.〔ピエール・ロティ「二匹の牝猫の一生」、五七頁〕

残酷さ

身のこなしがかくも慎み深く、毛並みがかくも幽かな陰影を帯びているために、あなたがたはおそらくこれまで気づかなかったことだろう。その大きな頭蓋骨の獰猛な堅さや、曲がったかぎ爪のはめ込まれた、恐るべき筋張った脚。このかぎ爪は手入れされ、戦闘の準備がしてある。そして、分厚い胸部、よく動く腰――この頑健な獣のあらゆる隠された美点は、愛と殺戮のために作られたのだ。

――コレット『動物の平和』(75)

忌々しい主題を扱わなければならない。猫は戯れに殺す――この事実は否定しえないものだ。そのうえ、猫はゆっくりと時間をかける。十分に食事を与えられ、そのように訓練されたわけでも、いかなる必要に迫られたわけでもないのに、猫はこのうえなく喜んで〔獲物を〕待ち構えている。それは――肉体的に、生物学的に、精神的に――猫に備わっているものの一部なのだ。猫は、人間と暮らすことで与えられる過剰さを失う日が来たときに、〔生存の〕助けとなるように準備し続けているのだろうか。このような行為において猫は、相手に与える苦痛から快感を得ているのだろうか。別の言い方をすれば、猫はサディスティックで嗜虐的

(75)〔訳註〕『コレット著作集8』山崎剛太郎訳、二見書房、一九七一年、二〇六頁。

なのだろうか。猫好きのなかでももっとも偏った人々は、「本能」ないし「本性」を援用して、こうした最悪の行為についての猫たちの潔白を証明しようとする。つまり、この証明によれば、あらゆる種類の肉屋や猟師、漁師、罠猟師もまた自分の快楽のために時間をかけて、今日もほとんど時と場所を問わず殺しているが、猫たちはそれと五十歩百歩だということになるのである。

権力と支配力の違いを際立たせるために、エリアス・カネッティが選ぶのは猫とネズミの場合である。ひとたび猫がネズミを捕まえると、ネズミは猫の権力のなかにある。猫はネズミを口に咥え、そして殺すだろう。ここで猫がもっているのは、行為するという直接的な権力〔pouvoir〕だ。しかし、大半の場合、猫はふたたび権力を行使して、捉えるやいなや、その獲物を殺してしまうことはしない。ここにほとんどいつも遊びが介在し、新たな要素を導入する。獲物に自由を与えてやるという遊びである。ここでまさに、ネズミの受難が始まる。つねに不安に苛まれているネズミの生からすれば、一撃で死ぬ方がまだましである。猫は「ネズミを放ち、ちょっと自分から遠ざからせてやる。猫に背を向けてネズミは逃げ、もはや猫の権力のなかにはいない。だが、猫にはネズミをふたたび捕まえる支配力〔puissance〕が残っている。もし猫がネズミを逃げるがままにしておくなら、ネズミは猫の支配力の及ぶ範囲の外に出る。〔…〕猫が支配する空間、猫がネズミに与える束の間の希望。しかし、ネズミとその殺害から興味を失うことなく、猫はすぐ近くからネズミを見張っているのだ。こうしたことのすべては、支配力の真の本体、支配力そのものとして特徴づけられうる[76]」。与えてはふたたび奪う支配力、多分逃げ切ったとネズミに信じさせておくが、その機会をけっして与えはしないこの支配力の行使を考えればこそ、そこで働いているとされるこの「生存本能」と称するものについて疑問を抱くようになる。なぜなら、この遊びの空間は生存本能とは異なるからだ。飽食状態にある人間社会においてこの行為を追究してみれば明らかなのだが、この空間によって確認されるのは狩りがはじめから快楽だということだ。

実際、猫を飼っている人の大半はこれらの罪を意に介さない。残念に思う人はほとんどいないし、万一いたとしても、できるかぎりやめさせようと試みる人はほとんどいない。なぜなら、猫は口をぎゅっと結んで、自分に関係ないことに口をはさむのは良くないと私たちに分からせるからだ。

私たち人間の目からすれば悪の側に属するこの事実について、飼い主のうちで疑問をもつ者はさらに少ない。このように自問すれば、宇宙進化論的な省察へと導かれうるかもしれない。「結局、冷却された純粋な大気のおかげで太陽が見えた。草木や巨大なシダ類は山々に冠をかぶせた。動物たちが生まれ、そしてその最後に人間が生まれた。こうして太古の時代に、永遠に大地に犯罪が残り続けるという運命が成就したのだ」[77]。あらゆる種の動物たちがそれぞれの力の秩序に従って互いに捕食

(76) Elias Canetti, *Masse et puissance*, Paris, Gallimard, coll. « Tel », 1986, p. 299.〔エリアス・カネッティ『群衆と権力　下』岩田行一訳、法政大学出版局、一九七一年、三―四頁。エリアス・カネッティはウィーンで活動したユダヤ人の作家・思想家。ナチス・ドイツによるユダヤ人迫害の経験を踏まえて執筆された代表作『群衆と権力』のほかに、『眩暈』『マラケシュの声』などの著作がある。〕

(77) Anatole France, *La Vie en fleur*, Paris, Calmann-Lévy, 1926, p. 259.〔アナト

し合っている一方で、人間は「ぎっしり詰まった家畜小屋を所有している」ときでさえ、狩猟という「お気にいりの仕事」に没頭する[78]。アナトール・フランスが導くこの陰鬱な省察は、私たちの地球の彼方にまで引き延ばされる。夜空の一番星へと窓を開けて、語り手は「恐怖を抱きながら」次のように思い浮かべる。「この世界の命運は、けっして唯一無二のものではなく、〔あらゆる生きものの〕無数の世界からなる命運だったのかもしれない」、そして、こうした別の世界の住人たちがもし私たちの世界を統べるのと同じ法に従っているならば、「悪はその絶頂にあり、無限をも包括してしまうだろう[79]」。

猫というこの神秘の宝物、無限の美でさえ、快楽のために殺すということに気づくと、私たちはすべてを疑うようになるのではないだろうか。神などいないという証拠は多数あるが、ここにもうひとつ証拠があるのだ！「自然法則」がいつも実に過酷であり、その法則に従う者のなかでもっとも脆弱で、もっとも平和的な者にまっさきに襲い掛かるのならば、大いなる秩序をもたらす正しく善なる存在などいないということはまったく異論の余地がない。

ール・フランス「花ざかりの頃」大井征訳、『アナトオル・フランス長編小説全集　第十七巻』、白水社、一九五一年、二二八—二二九頁。アナトール・フランス（1844–1924）はフランスの詩人・小説家・批評家。アカデミー・フランセーズ会員に選ばれ、一九二一年にノーベル賞を受賞した。著作に『シルヴェストル・ボナールの罪』『舞姫タイス』『赤い百合』『神々は渇く』など。〕

（78）*Ibid.*, p. 262.〔同前、二三一頁〕

（79）*Ibid.*, p. 263–264.〔同前、二三一—二三三頁〕

草木のなかに穴を見つけると、猫はとても長いあいだその居場所にとどまっていられる。いずれある瞬間に、自分の忍耐力が報いられると知っているのだ。動くものはすべて猫を駆り立てる。とくに素早く密かな動きを、猫は止めてしまおうとする。だからこそ猫は、素早く密かに、不規則に動かされた紐と戯れるのに夢中になるのだ。眼差しは動かさず、しっぽは怒っており、毛皮は震えている。猫は集中しているのだ。ハエがぶんぶんと窓ガラスにぶつかっていると、脚で捕まえられて食べられてしまう。楽しそうにくるくる飛び回る小鳥も、飛んでいる最中に捕まる。臆病な野ネズミも地面に叩きつけられる。猫は自分の周りに何も動いていない状態を行き渡らせ、恐怖を行使する。猫が愛らしく眠り込んでしまっていても、両瞼の下であらゆる光を追いかけるために、小さな腕をこわばらせたり、目の前で輪の形にしておいたりするのだ。生けるものは死に、麻痺し、停止しなければならない。しかしながら、猫にとって緩慢さは、『快感原則の彼岸』においてフロイトが考察した死の欲動を必要とするわけではない[(80)]。フロイトはまず、死の欲動が心理学研究において「もっとも大切」で「もっとも難解な」要素であると考えたのだった。動きののろいヒキガエルは猫にとって不可解な振る舞いをするのだが、猫がこの奇妙な動物に好奇心をそそられて用心深くちょっかいをかけてみても、ヒキガエルが反応することはない。ヒキガエルの緩慢

（80）〔訳註〕「死の欲動」は晩年のフロイトが提唱した精神分析用語。あらゆる生き物は「生の欲動」とは対立する「死の欲動」に駆り立てられている。生き物がもつあらゆる本能は緊張を解消して、かつての安定状態（無生物の状態）へと回帰しようとするからである。

さはべつの時間から到来しているかのようであり、他方、ごく小さなアマガエルの方はかすかな物音にも跳ねて水の一点に消えていくのだ。

命あるものの動きを止めてしまおうとするこうした欲望はどこから来るのだろうか。「欲動とは、有機体が外部からの妨害する諸力の影響で放棄せざるをえなかった以前の状態を再開するために、命ある有機体に内在する強迫である。これは、ある種の有機的な弾性であり、有機的生命における惰性の現れとも考えられる[81]」。結局、生きとし生けるものは、内的で非有機的な、みずからの起源である状態を再び探し求めるということになろう。生命が向かう先は未知で未到来の状態ではありえず、むしろ古い状態、生命体が放棄せざるをえなかったとみられる原初状態なのだ。だが、あらゆる有機体が内因によって死ぬ運命にあるとわかれば、私たちはフロイトが追究したように、結局次のように言うことしかできない。「非生命体が生命体より前にあった」のであるから、「あらゆる生命の目標は死である」と。[82] 生命は緊張の出現であり、この出現にともなって最初の欲動が形成される。それは、無機的状態、緊張が完全にない状態への回帰の欲動である。

　こうした破壊行為、それも自己破壊行為の証拠を〔猫の場合は〕いかに見出すことができるのだろうか。ここで、死の欲動に関するフロイトの省察の第二段階が関わってくる。なぜなら、明らかに（私たちの関心事

（81）Sigmund Freud, *Au-delà du principe de plaisir* (1920), Paris, PUF, coll. « Quadrige », 2013, p. 36.〔ジグムント・フロイト「快感原則の彼岸」中山元訳、『自我論集』、ちくま学芸文庫、一九九六年、一五九―一六〇頁〕

（82）*Ibid.*, p. 38.〔同前、一六二頁〕

に留まるならば)、猫が行為するのは自分自身に抗してではなく、せわし気な生きものに抗してだからだ。明らかにもっとも活動的で、明らかにもっとも生き生きとした小さな動物を犠牲にして、この無緊張状態ないし行為のゼロ地点を猫が獲得しようとしているかのようだ。有機体の核心に秘密の働きが存在することを認めなければならないとすれば、みずからに敵対する代わりに外部世界の諸部分に敵対する行為のなかに、その明白な形を探し求めなければならないのだろうか。ひとつの同じ欲動が、これほど正反対の運命をもちうるということは理解しがたい。なぜなら、第一段階で目指されているのは有機体の緊張の不在であったのに、他方、第二段階において欲動がその力を及ぼすのは外部世界の破壊に対してなのだ。有機体を無機物へ、動性を不動性へ、物音を静寂へ、喜びを消失へと還元することによって、殺害者はある種の鎮静を得るのだが、これはかりそめのものである。なぜなら殺害者に憑りつく緊張は、生きているかぎり彼の気をもませ続けるからである。それゆえ、諸力のヒエラルキーに従って存在者同士が互いに――それも虚しい仕方で――加えるのは、終わりなき暴力である。

「雑種」という短く謎めいたテクストのなかでカフカは、半分猫で半分子羊の動物を語り手が父から相続した状況を扱っている。奇妙な獣は、猫の頭とかぎ爪を、子羊の体軀と形を持っている。「窓ぎわで日向ぼっこをしながら、この獣はごろごろ言って背中を丸める。草地では狂ったように走りまわり、ほとんど捕まえられない[83]」。満月の夜には、この動

(83) Franz Kafka, « Un croisement », in *Récits II*, *Œuvres complètes*, t. V, Paris, Le Cercle du livre précieux, 1964, p. 181.〔フランツ・カフカ「雑種」池内紀

物は屋根に登る。日中は猫を避けて、羊の群れに加わりたがる。ニャーと鳴くことができず、ネズミに興味はない。「何時間も」寝そべったままでいることができ、「鳥小屋のそばで待ち伏せしているが、何も殺すことはない」[84]。相異なる傾向のあいだで引き裂かれた、この動物のちぐはぐな振る舞いはこんな感じだ。動物の餌は牛乳であり、「肉食動物の犬歯のあいだでごくごく飲んでいた」[85]。この動物の奇妙さは好評を博し、子どもたちが訪れてくる。みながこれが何なのかを理解しようとする。猫にも羊にもこの動物と似たようなものは認められない。

ある日、経済的な気がかりから苛立って、男が肘掛椅子に座って体を揺らしていた。彼の膝の上に身を落ち着けていた動物に男が視線を落とすと、「動物の大量の髭から涙がこぼれ落ちる」のが見えた[86]。それは自分が想像しているよりも気を病んでいた男の涙だったのか、それとも自分のものではない毛皮のなかで引き裂かれているこの存在、自己を失い、統一する核を失った存在の涙だったのか。「私の獣は二種類の不安を併せ持っていた。猫の不安と羊の不安、これらはどれほど異なっているのだろう。そのどちらもがこの獣の毛皮のなかで窮屈そうに見出されるのだ」[87]。この決定的な不安、あれかこれかのどちらかであることの不可能

訳、『カフカ短編集』、岩波文庫、一九八七年、四六頁。フランツ・カフカ（1883–1924）は二〇世紀を代表するドイツ作家。日常性の奥にひそむ生の不条理を描き、実存主義文学の先駆者とされる。著作に『変身』『審判』『城』など。〕

（84）*Ibid.*〔同前、四六頁〕

（85）*Ibid.*〔同前、四七頁〕

（86）*Ibid.*, p. 182.〔同前、四八頁〕

性、自分でないものであることを強いられており自分であることができないこの存在を前にして、男は次のように自問する。この雑種の動物が彼を眼差す「人間的な目」のなかで、「肉切り包丁」で殺してしまうという「合理的な行為」をこの獣は嘆願しているのではないか。(88)

私たちはとどのつまり、動物について何も理解してはいない。動物とは何であるのか、何でありえたのかを知らない。そのために、そしてそれが原因で、私たちはこの神秘によって目をくらまされ、威圧されたままなのだ。人間は何かに畏敬の念を抱きたいという欲求から、神聖な神々をわざわざ思い描き、動物の王国がこの世界にあることを理解しようとはしないのである。

（87）*Ibid.*〔同前〕
（88）*Ibid.*, p. 183.〔同前、四九頁〕

訳者あとがき

人間と猫の関係は古くにさかのぼり、家猫は古代エジプトから飼育され始めたとされる。当時、墳墓の壁画や棺に猫の姿が描かれ、尊崇された猫たちはミイラにされて埋葬された。猫は女神バストに関連する動物として偶像崇拝の対象にもなり、猫を祀る多くの寺院が建立された。猫は闇夜でも目がきくので、太陽が夜間に幽界を彷徨いながら、猫の目を通して闇夜を見ていると人々は考えた。また、猫の目は丸くなったり細くなったりするので、月の満ち欠けと関連づけられ、月の女神と関係があるとみなされた。

エジプト人からユダヤ人が迫害を受けていたためか、聖書に猫に関する記述は見当たらない。ただ、ローマ帝国がエジプトを支配すると、地中海を通じて猫はヨーロッパ地域に広がっていき、ネズミの害から穀倉を守る動物として重宝された。中世キリスト教世界において、猫崇拝の宗教的意義は薄れていき、猫はむしろ魔性をもった不気味な獣とみなされた。一五世紀を中心として前後五〇〇年ほどのあいだ、異教徒が弾圧されるなか、猫は魔女の呪われた使者として大量に虐殺された。闇夜を忍び歩いて目を光らせるがゆえに悪魔の手先とみなされたり、魔女が飛行に用いる箒に塗られる特別な軟膏にその血が混ざっているとされたりして、猫は徹底的に迫害された。未曾有の受難の時代が過ぎ去ると、猫は再び伴侶動物としての立場を回復する。とりわけ、航海術が発達し貿易が拡大すると、猫は船乗りに大切にされ、穀倉の番人として重宝された。猫はインドや中国、そして日本にも移入され、またアメリカ大陸にも運ばれ、世界各地に伝播していった。

本書『猫たち』において、哲学者フロランス・ビュルガは、動物行動学、現象学、精神分析を引きつつ、愛すべき猫たちの振る舞いを見つめ、見知らぬ者とともに生きることを学ぶ知恵を導き出そうとする。

猫はしばしばその習性や知能が犬と対比される。同じ伴侶動物でも、犬には服従精神があるが、猫は孤高な生き方を好むと言われる。犬は相手のご機嫌をとったり、その気持ちを察したりと社交的である。だが、猫は我が道を貫き、貴族的な振る舞いをする。多くの家畜のなかで、猫は社交的な群居生活を営むことのない唯一の動物である。そうした非妥協的な個性のために、犬や猿などとは異なり、猫に観衆の前で芸当をするように仕込むことはたいへん困難である。

私たちは猫たちと共同で生活をしながら、彼らのことを何も知らない。どこにでも姿を現す猫たちは、たしかにここにいたはずなのに、同時に別のところにもいる。そんな猫の独特な実存をビュルガは「遠方の存在」と呼び、六つの哲学的断片において次のように問いを提起している。

猫と「共同生活」を送っているとき、私たち人間は猫のことを理解しているのだろうか。哲学者アランは猫のぼんやりと移ろいゆく思考のことを「薄明の思考」と形容する。だが、私たちの侵入を拒み続けるこの優雅な獣の奇妙な眼差しを経験するならば、こうした安易な見方は許されないのではないだろうか。

伴侶動物は往々にして「儀礼的な行動」をとる傾向にある。外的な脅威を免れた状態で生きる伴侶動物たちはルーティン化された日常を送り、わずかな変化にも敏感である。動物行動学者たちの知見によれば、これは硬直化したステレオタイプな行動とは異なり、習慣を獲得した上で生活環境への新たな適応を図る儀式的な行動である。だとすれば、不安の気分こそがむしろ猫の生の基調をなしており、儀礼化された行動が猫たちを安堵させているのではないか。

人間と動物は共通の言語を欠いているがゆえに、「コミュニケーション」をとることができないとしばしば言われる。だが、言語活動とは異なる声の働きと表現の可能性を私たち人間はどれほど考慮しているだろうか。動物の声を実証主義的に解読しようとする科学者たちの試みは、むしろ動物の表現性を捉え損ねてしまうのではないだろうか。人間の言語に順応する犬と比べて、とりわけ猫は人間の言語活動とは別の場所にとどまり続けようとするのだから。

人間と動物が「友愛」を結びうるかという問いはデリケートな問いである。

なぜなら私たちは人間の友愛モデルから動物との絆を考えてしまうからだ。概して友愛は二者の相互関係や共有された関心にもとづいて成立するが、人間と動物のあいだにはそうした要素が欠落しているようにみえる。しかし逆に、相互性や共通の関心がないにもかかわらず動物との友愛が紡ぎ出されるとすれば、それは、アリストテレスが「完全な友愛」と呼んだもの、有用性や快楽の増減によって変化しない真に倫理的な友愛ではないだろうか。また、友愛と比べると、人間と動物の「愛」は赤裸々な事実である。動物に対して、私たち人間は言語を介することなく、全面的な調和の感情を抱くことができるのではないだろうか。

猫の「残酷さ」は厄介な主題である。元来肉食である猫はネズミを捕える習性があるが、捕まえて傷ついたネズミをただちに食べようとはせず、これを戯れに弄ぶ。猫がネズミを捕えるのは食用のためとは限らず、ある種の遊戯やスポーツのようだ。フロイトの欲動理論をかりるならば、猫はみずからの「死の欲動」を自分自身にではなく、生き生きと活動する別の生きものに対して行使してしまうのだろうか。

近年、動物の権利や倫理、動物との共生などについて、動物をめぐる哲学は盛んに展開されてきた。それは、伝統的かつ近代的な人間中心主義の批判として、多種多様な生物が棲む世界観の刷新として、動物の観点から人間や世界を思考する試みである。ただ、個別の動物に関する哲学的考察はいまだ稀である。本書は、近年の動物哲学の動向を踏まえた上で、著者自身の深い愛着から、猫に関する哲学的考察を軽快な筆致で綴っている点で味読に値するだろう。

フロランス・ビュルガ（Florence Burgat）は、フランス中央部の農家の娘として一九六二年に生まれた。二三歳の時、哲学の学生だった彼女は映画館で牛の屠殺に関する場面に衝撃を受けて、肉を食べないことを決断した。彼女が書き上げた博士論文は肉食における動物の忘却に関する論考であった。ビュルガはコレージュ・ド・フランスの社会人類学部門の特任研究員を経て、現在はフランス国立農学研究所の研究主任を務めている。また、アルシーヴ・フッサールの兼任研究員を務め、季刊誌『動物の権利』の共同編集主幹である。

ビュルガはフランスにおける動物哲学の第一人者で、彼女の主な研究領域は、動物的生の現象学、現代産業社会における動物の条件と権利である。著作に、『動物、我が隣人』（*Animal, mon prochain*, Odile Jacob, 1997）、『動物的生の自由と不安』（*Liberté et inquiétude de la vie animale*, Kimé, 2006）、『もうひとつの実存――動物の条件』（*Une autre existence – La condition animale*, Albin Michel, 2012）などがある。

ビュルガの主題は、動物を単純な生きものとみなし、人間的な実存とは区別する伝統的な思考を問い直すことである。動物は、人間を規定する諸条件（魂、理性、意識、言語、社会、世界など）の欠如によってしばしば理解されてきた。しかし、動物は、植物と同じように、自然法則によって十全に規定されているわけではなく、むしろ人間とは異なる仕方で誕生と死を経験し、不安と喜びを感じて生きている。ビュルガは現象学的手法で動物の生と条件を分析し、その固有の実存様式を解明する。

最新著『肉食の人類』（*L'Humanité carnivore*, Éditions du Seuil, 2017）でビュルガは、人類が肉食であり続けることの必然を問い直す。動物の肉が美味だからという回答は不十分で、歴史上、肉食が限定的だったり、不在であったりする生活様式は存在した。神話や儀礼といった肉食の人類学的構造を分析することで、残虐さ、殺害、四肢の解体、生きものの消費という観念を問わなければならない。ビュルガは、人間の優位性を確証する肉食供犠の論理に対して、植物由来の肉や試験管によって配合される肉は代替たりうるのかと問い、肉食から脱却する道を示唆する。

本書は、Florence Burgat, *Vivre avec un inconnu. Miettes philosophiques sur les chats*, Rivages poche, 2016 の全訳である。原題は直訳すると『見知らぬ者と生きる――猫に関する哲学的断片』であるが、今回はマルク・アリザール『犬たち』の日本語訳が同時期に刊行されるため、書名を統一するべく『猫たち』とした。

編集に関しては、法政大学出版局の高橋浩貴氏には迅速かつ的確な作業をしていただいた。心より感謝申し上げる次第である。

二〇一九年四月三〇日　西山雄二・松葉類

※本刊行物は、首都大学東京・傾斜的研究費（全学分）学長裁量枠・社会連携支援（社会連携活動支援）の助成を受けたものである。

索　引

ア行

アガンベン、ジョルジョ（Giorgio Agamben, 1942– ）　49, 49n(38, 39)
　『言葉と死——否定性の場所にかんするゼミナール』（*Le Langage et la Mort. Séminaire sur le lieu de la négativité*, 1991）　49n(39)
アラン（Alain / Émile-Auguste Chartier, 1868–1951）　14, 15n(10, 11), 16, 17n(13), 71, 71n(58)
　「人間の権利」（Les droits de l'homme, 1925）　71n(58)
　「薄明の想念」（Pensées crépusculaires, 1928）　15n(11), 17n(13)
アリストテレス　67n(55), 68, 69n(56)
ヴェルデ、アンドレ（André Verdet, 1913–2004）　17n(12)
　「猫の物語」（Le dit du chat, 1992）　17n(12)
エリボン、ディディエ（Didier Eribon, 1953– ）　44
オデュッセウス　10, 11n(7)

カ行

カネッティ、エリアス（Elias Canetti, 1905–1994）　98, 101n(76)
　『群衆と権力』（*Masse et puissance*, 1960）　101n(76)

カフカ、フランツ（Franz Kafka, 1883–1924）　109, 109n(83)
　「雑種」（Un croisement, 1917）　109–112, 109–113n(83–88)
グールモン、レミ・ド（Rémy de Gourmont, 1858–1915）
　84, 85n(70), 87n(71)
　「眠り込んだ猫」（Le chat endormi, 1916）　87n(71)
グルニエ、ロジェ（Roger Grenier, 1919–2017）　9, 11n(5, 6)
　『ユリシーズの涙』（*Les Larmes d'Ulysse*, 1998）　11n(5, 6)
コクトー、ジャン（Jean Cocteau, 1889–1963）　17n(12)
コレット（Sidonie-Gabrielle Colette, 1873–1954）
　20, 21n(16, 17), 84, 85n(69), 96, 97n(75)
　「さかしま日記」（*Journal à rebours*, 1941）　21n(17)
　『動物の平和』（*La Paix chez les bêtes*, 1916）　96
　「夜明け」（*La Naissance du jour*, 1928）　85n(69)

サ行

シャガール、マルク（Marc Chagall, 1887–1985）　17n(12)
シャップ、ヴィルヘルム（Wilhelm Schapp, 1884–1965）
　40, 41n(32)
ジュヴェ、ミシェル（Michel Jouvet, 1925–2017）
　88, 89–91n(72, 73)
　「猫における睡眠と夢」（Le sommeil et les rêves chez le chat, 1964）
　88, 89, 91n(73)
シュトラウス、エルヴィン（Erwin Straus, 1891–1975）　57n(47)
　『感覚の意味について』（*Du sens des sens*, 1656）　57n(47)
シュペルヴィエル、ジュール（Jules Supervielle, 1884–1960）

77n(65)
「動物の顔」（Visages des animaux, 1951） 77n(65)
ソクラテス 47n(36)
ゾラ、エミール（Émile Zola, 1840–1902） 83, 85n(68)
「動物への愛」（L'amour des bêtes, 1896） 85n(68)

タ行

ダーウィン、チャールズ（Charles Robert Darwin, 1809–1882）
41n(31)
デリダ、ジャック（Jacques Derrida, 1930–2004） 66, 67n(54, 55)
「「正しく食べなくてはならない」あるいは主体の計算」
（"Il faut bien manger" ou le calcul du sujet, 1989） 67n(55)

ハ行

ハイデガー、マルティン（Martin Heidegger, 1889–1976）
29n(20), 41n(32), 67–69n(55)
ハクスリー、ジュリアン（Julian Sorell Huxley, 1887–1975）
35n(25), 37n(27), 39, 39n(28, 30, 31)
『人間と動物における儀礼的な行動』（*Le Comportement rituel chez l'homme et l'animal*, 1971） 34, 35, 35n(25)
ハクスリー、トマス・ヘンリー（Thomas Henry Huxley, 1825–1895）
39n(31)
バルテュス（Balthus / Balthasar Michel Klossowski de Rola, 1908–2001）
6, 7n(1, 2)

ピカソ、パブロ（Pablo Picasso, 1881–1973）　17n(12)
フーコー、ミシェル（Michel Foucault, 1926–1984）　49n(38)
フッサール、エドムント（Edmund Gustav Albrecht Husserl, 1859–1938）　33n(22), 41n(32), 54, 55n(46)
プラトン　13, 15n(9), 51n(41), 73n(61)
　『フィリア——愛について』　73n(61)
　『国家』　15n(9)
フランス、アナトール（Anatole France, 1844–1924）　101n(77), 102
　「花ざかりの頃」（*La Vie en fleur*, 1926）　101n(77)
フロイト、ジグムント（Sigmund Freud, 1856–1939）　20, 21n(18), 59n(48), 105-107, 105n(80), 107n(81)
　『快感原則の彼岸』（*Au-delà du principe de plaisir*, 1920）　107n(81)
ヘーゲル、G. W. F.（Georg Wilhelm Friedrich Hegel, 1770–1831）　50, 51n(41, 42)
　『自然哲学』（*Encyclopédie des sciences philosophiques II : La philosophie de la nature*, 1817）　51n(42)
ベンサム、ジェレミ（Jeremy Bentham, 1748–1832）　71n(57)
ボイテンディク、フレデリック（Frederik Buytendijk, 1887–1974）　83n(67)
　『出会いの現象学』（*Phénoménologie de la rencontre*, 1952）　83n(67)
ポー、エドガー・アラン（Edgar Allan Poe, 1809–1849）　59n(49)
ボードレール、シャルル（Charles-Pierre Baudelaire, 1821–1867）　19n,(14), 47n(34), 59n(49)

「猫」（Le chat, 1857）　19n(14), 47n(34)
ホメーロス　11n(7)

マ行

マラルメ、ステファヌ（Stéphane Mallarmé, 1842–1898）　58, 59n(49)
メルロ＝ポンティ、モーリス（Maurice Merleau-Ponty, 1908–1961）　33, 33n(22)
『自然――コレージュ・ド・フランス講義』（*La Nature. Cours du Collège de France*, 1995）　35n(23)
モリス、デズモンド（Desmond Morris, 1928– ）　36, 37n(26)
「行動の儀礼化」（La rigidificacion du comportement, 1971）　37n(27)
モンテーニュ、ミシェル・ド（Michel Eyquem de Montaigne, 1533–1592）　46, 47n(35, 36), 64, 65n(51)
『エセー』（*Les Essais*, 1580）　47n(35), 64, 65n(51)

ヤ行・ラ行

ヤコブソン、ロマン（Roman Osipovich Jakobson, 1896–1982）　19n(14)
ラカン、ジャック（Jacques-Marie-Émile Lacan, 1901–1981）　58, 59n(48, 50)
「精神分析における言語と言語活動の機能と領野」（*Fonction et champ de la parole et du langage en psychanalyse*, 1953）

59n(50)
リルケ、ライナー・マリア（Rainer Maria Rilke, 1875–1926）
6, 7n(1, 2)
『ミツ――バルテュスによる四十枚の絵』（*histoire d'un chat,* 1921, 2008） 7n(2)
レヴィ＝ストロース、クロード（Claude Lévi-Strauss, 1908–2009）
19n(14, 15), 44, 45n(33)
『遠近の回想』（*De près et de loin,* 1988） 44, 45n(33)
『悲しき熱帯』（*Tristes tropiques,* 1955） 19n(15)
レヴィナス、エマニュエル（Emmanuel Lévinas, 1906–1995）
67n(55)
ローレンツ、コンラート（Konrad Zacharias Lorenz, 1903–1989）
24, 25n(19), 33, 33n(21), 38-40, 39n(30)
『攻撃』（*Das sogenannte Böse: Zur Naturgeschichte der Aggression,* 1963）
25n(19), 33n(21)
「生物学と文化の領域における儀礼化の進展」（Évolution de la ricualisacion dans les domaines de la biologie et de la culture, 1971） 39n(30)
ロティ、ピエール（Pierre Loti, 1850–1923）
4, 8, 9n(3, 4), 48, 49n(37), 80, 81n(66), 93n(74)
『死と憐れみの書』（*Le Livre de la pitié et de la mort,* 1891）
49n(37), 80, 81n(66), 93n(74)
『暗い路上の照り返し』（*Reflets sur la sombre route,* 1899）
4, 9n(4)

猫たち

2019年5月20日　初版第1刷発行
著　者　フロランス・ビュルガ
訳　者　西山雄二・松葉 類
発行所　一般財団法人　法政大学出版局
〒102-0071 東京都千代田区富士見2-17-1
電話03（5214）5540　振替00160-6-95814
組版：HUP　印刷：日経印刷　製本：積信堂
© 2019

Printed in Japan
ISBN 978-4-588-13028-1

著　者

フロランス・ビュルガ（Florence Burgat）
1962年生まれ。フランスの哲学者。フランス国立農学研究所の研究主任、アルシーヴ・フッサールの兼任研究員。主な研究領域は、動物的生の現象学、現代産業社会における動物の条件と権利。季刊誌『動物の権利』の共同編集主幹。著書に『動物、我が隣人』（*Animal, mon prochain*, Odile Jacob, 1997）、『動物的生の自由と不安』（*Liberté et inquiétude de la vie animale*, Kimé, 2006）、『もうひとつの実存――動物の条件』（*Une autre existence - La condition animale*, Albin Michel, 2012）、『肉食の人類』（*L'Humanité carnivore*, Éditions du Seuil, 2017）などがある。

訳　者

西山雄二（にしやま・ゆうじ）
1971年生まれ。首都大学東京准教授。現代フランス思想。著書に『哲学への権利』（勁草書房、2011年）、『異議申し立てとしての文学――モーリス・ブランショにおける孤独・友愛・共同性』（御茶の水書房、2007年）、編著に『カタストロフィと人文学』（勁草書房、2014年）、『終わりなきデリダ――ハイデガー、サルトル、レヴィナスとの対話』（法政大学出版局、2017年）、訳書にJ・デリダ『獣と主権者』（全2巻、白水社）、『哲学への権利』（全2巻、みすず書房）、『条件なき大学』（月曜社）、『嘘の歴史 序説』（未來社）などがある。

松葉 類（まつば・るい）
1988年生まれ。京都大学文学研究科思想文化学専攻博士後期課程。フランス現代哲学、ユダヤ思想。論文に「レヴィナスの有限責任論について――制度における主体性の問い」（『立命館大学人文科学研究所紀要』、2017年）、「レヴィナス後期思想における「より良いもの」について――エルンスト・ブロッホを起点として」（『宗教学研究室紀要』、京都大学文学研究科宗教学研究室、2016年）などがある。